广东金融学院工商管理论丛

基于供应链视角的订单生产式企业生产批量决策研究

李细枚 / 著

中国经济出版社
CHINA ECONOMIC PUBLISHING HOUSE
北京

图书在版编目(CIP)数据

基于供应链视角的订单生产式企业生产批量决策研究 / 李细枚著.
—北京:中国经济出版社,2019.10
ISBN 978-7-5136-5957-4

Ⅰ.①基… Ⅱ.①李… Ⅲ.①企业管理—生产管理—管理决策—研究 Ⅳ.①F273

中国版本图书馆 CIP 数据核字(2019)第 223582 号

责任编辑　姜　静　赵立颖
责任印制　马小宾
封面设计　华子图文

出版发行　中国经济出版社
印　刷　者　北京建宏印刷有限公司
经　销　者　各地新华书店
开　　　本　710mm×1000mm　1/16
印　　　张　12.25
字　　　数　171 千字
版　　　次　2019 年 10 月第 1 版
印　　　次　2019 年 10 月第 1 次
定　　　价　56.00 元
广告经营许可证　京西工商广字第 8179 号

中国经济出版社 网址 www.economyph.com 社址 北京市东城区安定门外大街 58 号 邮编 100011
本版图书如存在印装质量问题,请与本社销售中心联系调换(联系电话:010-57512564)

版权所有　盗版必究(举报电话:010-57512600)
国家版权局反盗版举报中心(举报电话:12390)　　服务热线:010-57512564

本专著出版得到了以下广东省科技计划项目的资助：

广东省科技金融与大数据分析重点实验室（2017B030301010）、广东省科技金融重点研究基地（2014B030303005）、基于O2O模式的新型科技信贷服务平台建设（2017B080802004）、广东省科技企业信用融资与信用交易平台（2014B080807035）、广东省破解科技型中小企业融资难题的对策研究（2019年广东省科技计划项目）

总　序

改革开放四十余年来，我国的经济社会发展取得了举世瞩目的伟大成就，已跻身为世界第二大经济体，对全球经济发挥着越来越重要的作用。在我国经济体量不断增加的同时，我国企业对世界经济的影响力也与日俱增，涌现出华为、腾讯、阿里巴巴、中车集团、格力电器等一大批著名企业。毫无疑问，改革开放的伟大实践为我国企业管理理论的创新与发展提供了沃土。

国内的企业管理理论与实践是从引进和借鉴西方的管理理论与管理方法开始的。经过多年的努力，我国企业从学习国外理论、模仿国外同行起步，将现代理论应用于经营管理实践，并结合我国一系列特殊而又具体的现实约束，创造出了许多行之有效且具有本土特色的管理思想和管理方法，促进了我国企业管理水平的不断提高。例如首钢的"投入产出总承包"，海尔的"日清日高管理法"，邯钢的"模拟市场、成本否决法"，华为更是建立了独具特色的内控制度与先进的管理体系，并以"华为基本法"的形式确定下来。

目前，我国经济发展步入新常态，在贸易摩擦加剧等复杂的外部形势下，如何实现高质量发展成为我国面临的一个全新课题，需要理论工作者进行全方位、多层次、宽角度的研判，进行大胆的理论创新。我坚信，在深化改革和融入世界的新进程中，中国企业管理理论必将有新的突破，管理理论也必将闪耀出迷人的光芒。

身处我国改革开放的最前沿，广东金融学院是华南地区唯一的金融类高校，学校秉承"明德、敏学、笃行、致远"的校训，坚持"金融为根、育人为本、应用为先、创新为范"的办学理念，以国家经济社会需求为导向，培养富有创新精神和社会责任感的高水平财经类应用型人才。其中,工商管理学科是我校优先建设的主体学科,也是广东省重点学科。一直以来,我校工商管理学科积极对接国家与广东省的重大战略需求和学术前沿,服务现代企业管理优化升级的需要,人才培养、科学研究与服务社会的能力有了长足的发展。

我校工商管理学院以"集成金融特色、培养管理精英"为使命,以"成为国内知名商学院"为发展愿景,设有人力资源管理、工商管理、市场营销、物流管理、酒店管理五个本科专业和一个金融营销专业。形成了劳动经济与人力资源管理、企业理论、金融营销与信用消费、品牌管理与营销传播、工商管理案例五个学术团队。学院拥有一支朝气蓬勃、勇于开拓的师资队伍,近几年来承担了国家级、省部级以上项目及重点项目近百项,承担各级政府与企业委托项目百余项,在《管理世界》《中国工业经济》《管理学报》《经济管理》《中国人口科学》《财贸经济》等国内外重要期刊发表论文近 300 篇。学院教师的一系列研究成果先后被各级政府机构和企业所采用,产生了良好的社会效益和经济效益。

作为校长,我十分欣喜地看到,工商管理学院英才辈出,一批中青年学者一心向学,他们俯下身子,对现实经济管理问题进行深入的调查,并结合学科发展趋势产生了自己的独特见解。在追求研究范式与国际同行接轨的同时,他们也更加注意中国情境的特殊作用,"广东金融学院工商管理论丛"就是他们勤于思考、勇于探索的阶段性成果。希望本论丛的出版能够进一步加强我校中青年学者与国内专家学者的学术联系,为学科发展与"文化自信"贡献"广金声音"。

是为序!

雍和明

2019 年 8 月 30 日于广州

目 录

第1章 绪论
1.1 选题背景及研究意义 /1
    1.1.1 选题背景 /1
    1.1.2 选题意义 /3
1.2 课题研究目标与研究内容 /5
    1.2.1 研究目标 /5
    1.2.2 研究内容 /5
    1.2.3 拟解决的关键问题 /7
    1.2.4 创新点 /8
1.3 研究方法、技术路线与研究框架 /9
    1.3.1 研究方法 /9
    1.3.2 技术路线 /9
    1.3.3 研究框架 /10

第2章 文献综述
2.1 订单式生产 /13
2.2 生产批量 /15
    2.2.1 不确定产出下生产批量优化 /16
    2.2.2 不确定需求下生产批量优化 /18
    2.2.3 不确定产出和需求下生产批量优化 /20
2.3 供应链管理 /21
    2.3.1 供应链管理协调 /21

        2.3.2　闭环供应链/23
        2.3.3　订单式生产模式的供应链管理/27
        2.3.4　供应链视角下生产批量决策/28
    2.4　本章小结/29

第3章　生产批量决策
    3.1　引言/30
    3.2　单阶段生产批量模型/31
        3.2.1　模型的建立/31
        3.2.2　模型的分析/31
        3.2.3　需求量服从均匀分布的单阶段模型分析/32
        3.2.4　算例/33
    3.3　两阶段生产批量模型/34
        3.3.1　模型的建立/34
        3.3.2　模型的分析/35
        3.3.3　需求量服从均匀分布的两阶段模型分析/37
        3.3.4　算例/39
    3.4　多阶段单产品生产批量模型/41
        3.4.1　模型的建立/42
        3.4.2　模型的分析/42
        3.4.3　算例/43
    3.5　多阶段多产品生产批量模型/45
        3.5.1　模型的建立/45
        3.5.2　模型的分析/46
    3.6　本章小结/47

第4章　不确定产出投产量决策
    4.1　引言/49

4.2　一般模型/50

4.3　连续随机分布投产模型/51

    4.3.1　模型分析/51

    4.3.2　产品不合格率服从均匀分布投产模型分析/54

    4.3.3　不合格率敏感性分析/55

    4.3.4　算例/57

4.4　离散随机分布投产模型/59

    4.4.1　模型求解/59

    4.4.2　算例/60

4.5　基于学习曲线投产量模型/66

    4.5.1　学习曲线不合格率函数/66

    4.5.2　学习曲线投产量模型/67

    4.5.3　不合格率服从均匀分布的学习曲线投产量模型分析/67

    4.5.4　敏感性分析/69

    4.5.5　算例/74

4.6　本章小结/75

第5章　不确定产出供应链投产量决策

5.1　引言/76

5.2　模型的建立/77

    5.2.1　模型假设/77

    5.2.2　模型符号及说明/77

    5.2.3　价格函数/77

    5.2.4　集中决策模型/77

    5.2.5　分散决策模型/82

5.3　集中与分散模型比较分析/87

    5.3.1　集中决策投产量敏感性分析/88

    5.3.2　分散决策批发价敏感性分析/89

5.4 分散模型批发价决策/90
    5.4.1 供应商角度批发价决策/90
    5.4.2 供应链角度批发价决策/91
    5.4.3 供应链协调/93
    5.4.4 敏感性分析/93
5.5 算例/96
5.6 本章小结/102

第6章 不确定产出闭环供应链投产量决策

6.1 引言/104
6.2 模型的建立/104
    6.2.1 问题描述和假设/104
    6.2.2 回收函数/105
    6.2.3 集中决策模型/105
    6.2.4 分散决策模型/106
6.3 回收价敏感性分析/107
    6.3.1 集中决策/107
    6.3.2 分散决策/108
6.4 集中模型投产量和回收价决策/109
6.5 分散模型投产量和回收价决策/111
    6.5.1 销售商角度投产量和回收价决策/111
    6.5.2 供应链角度投产量和回收价决策/112
6.6 合格率敏感性分析/114
    6.6.1 均值敏感性分析/114
    6.6.2 标准方差敏感性分析/119
6.7 算例/124
6.8 本章小结/128

第 7 章　不确定需求与产出供应链投产量决策

7.1　引言/129

7.2　模型的建立/130

　　7.2.1　模型假设/130

　　7.2.2　模型符号及说明/130

　　7.2.3　分散决策模型/130

　　7.2.4　集中决策模型/142

7.3　分散与集中决策比较分析/151

7.4　算例/152

　　7.4.1　分散决策/152

　　7.4.2　集中决策/154

7.5　本章小结/156

参考文献/158

附录 1　生产批量动态规划算法代码/172

附录 2　"步长—比较"算法程序代码/176

后记/179

第1章 绪论

1.1 选题背景及研究意义

1.1.1 选题背景

随着社会经济的发展，社会竞争越来越激烈，越来越多的制造型企业都意识到必须摒弃过去传统、封闭的纵向思维管理模式，而将供应链管理模式即横向思维与生产计划相结合，降低经营成本，合理分配利润，加快资金流动，尽量满足顾客的需求，在竞争的环境下立于不败之地。供应链管理模式与传统模式相比，在理论基础、生产要求、决策模式、控制方法、运行环境等诸多方面都有显著的不同。相应地，企业也开始研究尝试新的管理方法，以便适应新的管理模式。

随着社会经济的快速发展，人们越来越趋向于追求品位与时尚，需求呈现多样化和个性化的趋势，企业为了迎合消费者观念的转变，赢取市场份额，不得不改变传统的大规模批量生产的方式，采用订单式生产（MTO）。订单式生产企业常用的业务流程有以下几种：①客户提出需求概念→企业设计和试制样品→经客户确认后组织生产；②客户提供产品图纸→企业按图纸试制样品→经客户确认后组织生产；③客户提供样品→企业按客户样品复制"生产样品"→经客户确认后组织生产；④企业提供产品系列样品或样图→供客户选择确认后组织生产。MTO生产模式能够提高生产企业应对复杂多变的市场环境的能力。

MTO 生产企业虽然有效地降低了市场需求不确定性带来的库存成本和产品滞销等不利影响，但随着国际竞争日益激烈，出口贸易形势日益严峻，产品日益丰富，产品更新换代速度加快，顾客对产品的样式、交货期限和个性化等都提出了更高的要求，因而增加了 MTO 企业生产计划运行的不确定性。随着社会的发展，市场环境变得越来越复杂，我国 MTO 企业的生产与发展正面临前所未有的激烈竞争，企业不得不寻求新的管理途径，这就迫使企业去改进生产管理，改变市场策略，因此 MTO 企业实施供应链管理应运而生。从供应链角度来研究 MTO 企业的生产系统符合时代的发展趋势，在竞争日益激烈的环境下，MTO 企业生存和发展优势凸显。供应链管理将有利于提高企业生产的响应速度和计划的准确性，也是应对复杂多变的市场需求的有效方法。但是由于受需求和产出多种因素的影响，供应链管理下 MTO 企业生产存在较多问题：

（1）客户需求不确定。随着经济日益发达，产品越来越丰富，客户对产品质量和工艺的要求越来越高，客户需求的个性化变化，使得订单中产品的品种、数量、工艺参数等改变随机性大，交货期短、改单插单严重，因此 MTO 企业常常处于紧迫、被动的状况，现有的精确生产计划、管理方法、控制策略往往难以奏效，现有的资源管理系统发挥不出应有的效果。供应商需要在投产前知道或准确预测到需求信息，这就需要得到销售商的准确市场需求信息，否则将因难以满足客户需求而失去客户。

（2）产出不确定难以满足不确定需求。MTO 企业面对客户的不确定需求，订单任务不均衡现象时有发生，生产计划不得不频频改变。由于产品的数量、工艺和交货期的改变，生产受到工艺、原材料、员工、设备等的影响而使得产出不确定，特别是对于工艺复杂的产品，受温度、湿度等影响，也使得产出不确定。因此欠产超产情况时有发生：欠产再投产，就不能及时满足消费者的需求，同时再投产往往比初次投产单位产品成本更高；超产造成了资金的积压，同时也会产生库存成本等费用，有些超产产品不能第二次销售就得进行低价处理。

（3）企业生产计划面临需求和产出不确定的挑战。企业面临着客户需求的不确定，也无法避免产出的不确定，如何制定有效的生产计划应对不确定的需求，是企业急需解决的问题。其中定价成为影响市场需求最有效的手段之一。MTO 企业往往使用价格来调节产能与需求之间的关系，使得企业的生产运营与市场直接联系起来，从而应对内外部复杂多变的环境。在市场经济条件下，供应商和销售商必须根据市场对产品需求的变动来调整产品批发价和回收价，以便在市场竞争中能够处于比较有利的地位，以期达到实现企业既定的经营目标和合理分配利润。但是，影响市场需求变动的因素很多，市场需求的变化形式也较为复杂，往往给企业产品的定价决策带来很大的难度和风险。在复杂需求环境下，产品定价与企业产能之间是相互影响、相互作用的关系，而如何处理二者之间的关系成为企业决策的关键，亦是本书主要的研究内容所在。

（4）如何最大限度地利用资源是企业面临的新问题。由于全球爆发的经济危机以及不断增长的资源、环境竞争压力，最大限度地利用资源，已经成为世界各国的共识。过量新产品的回收再销售或再制造，旧废品的回收再利用，不仅能够使资源得到再利用，增加了企业的利润，也保护了环境。欧洲国家已经从立法层面来要求企业充分利用资源。

面对复杂多变的需求环境，订单生产式企业如何在供应链管理思想的指导下制定有效的生产计划，改进设备的性能，提高资源的利用率，提高生产能力，有效满足顾客的需求，成为企业研究的主要方面。企业最终的成功将取决于其整合和协调供应链成员间错综复杂的商业关系的管理能力。当今，无论在产业界还是学术界，都越来越重视如何有效地进行供应链管理。

1.1.2 选题意义

在需求不确定的环境下，我国订单生产式企业面临很多困难和问题，亟待从理论和实践层面进行研究和探索。针对供应链视角下订单生产式企业投产量决策这一难题，对于充实、完善生产运营管理的研究和促进我国订单生产式企业实现供应链协调发展方面的相关研究，具有重要的现实意义和理论意义，也是本书具有的学术价值所在。具体表现如下：

（1）现实意义。建立生产批量模型，在此基础上确定准确的投产量，能够有效应对需求、节省企业资源。首先，客户需求越来越个性化，需求受价格弹性因素的影响，呈现需求不确定性的特征。其次，为应对不确定需求，企业的生产计划不断改变，不断调整机器和设备的使用。由于员工的学习效率的提高而使得不合格率降低，可能会造成企业的欠产而再投产，或者是超产而产生额外的处理费用。最后，随着市场竞争的加剧，供应链管理逐渐普及到我国订单生产式企业。较为普遍的是供应商和销售商二级供应链。供应商通过这种供应链合作方式能够及时从销售商处获取需求信息，合理制定生产计划，减少信息不对称造成的牛鞭效应；销售商也能够根据客户需求来向供应商下达订货批量，也能够及时完成商品的补充，减少缺货现象。同时，还能够通过彼此商量来制定合理批发价，进行利润的合理分配。因此，也可以通过合理的回收价，进行商品的回收再利用，为企业节约资源，也为环境保护作出贡献。因此，从供应链角度根据需求的随机性和产出的不确定性来确定合理投产量对我国订单生产式企业有着现实的意义。

（2）理论意义。近些年，订单生产式企业的生产批量决策和产品定价策略研究已成为热点问题。但大多数订单生产式企业计划投产量决策问题的相关研究都侧重于较为单一的市场需求背景，基于供应链视角的不确定需求/产出下生产批量决策和产品定价问题的相关研究较少；尤其是存在产品回收的不确定产出闭环供应链投产量决策，相关研究更少。

本书的研究内容都来自企业实践，是通过对珠三角若干订单生产式企业进行深入调查并收集大量数据后，在对问题进行收集、分析和归纳的基础上进行的理论和应用研究。因此，研究结论对于提高我国订单生产式企业的供应链竞争力，推动我国经济的快速发展具有一定的实践意义，同时也可充实、完善生产运营管理的理论成果。

1.2 课题研究目标与研究内容

1.2.1 研究目标

归纳和总结我国订单生产式企业供应链管理经验,提高生产计划能力,建立适应不确定需求/产出下生产批量/投产量优化模型,丰富生产运营管理的理论成果,为降低我国中小制造企业生产运营成本、提升其供应链竞争力并有效应对客户需求提供参考。具体目标如下:

(1) 建立 MTO 企业生产批量优化模型。包括:①考虑需求是价格的线性函数,据此建立价格与生产批量的函数关系,在此基础上,构建单阶段生产批量优化模型;②在上述基础上构建两阶段生产批量优化模型;③构建多阶段单产品生产批量优化模型;④构建多阶段多产品生产批量优化模型。

(2) 建立适应不确定产出 MTO 企业的投产量优化模型。包括:①基于不确定产出的连续随机分布投产量优化模型;②基于不确定产出的离散随机分布投产优化模型;③基于"学习曲线"理论的投产量优化模型。

(3) 建立适应不确定产出供应链投产量优化模型。包括:①基于不确定产出的供应链集中决策供应链优化模型;②基于不确定产出的供应商和销售商分散决策供应链优化模型;③基于不确定产出的分散模型批发价决策(从供应商/供应链角度)投产量优化模型。

(4) 建立适应不确定需求的闭环供应链投产量优化模型。包括:①基于不确定需求的闭环供应链集中决策模型;②基于不确定需求的供应链分散决策模型;③基于不确定需求的集中模型投产量和回收价决策;④基于不确定需求的供应链分散模型投产量和回收价决策。

(5) 建立适应不确定需求与产出的供应链投产量优化模型。包括:①基于不确定需求与产出的供应链分散决策模型;②基于不确定需求与产出的供应链集中决策模型。

1.2.2 研究内容

本书的研究内容和结构主要包括以下几个部分:

第1章　绪论。本部分主要论述研究背景、研究目的与意义、研究结构与技术路线等。

第2章　文献综述。本章主要对订单生产式企业生产计划与优化、不确定需求/产出的生产批量优化、基于供应链的生产批量决策问题研究进行回顾与评述，在前人研究工作的基础上提出本书所考察的研究问题。

第3章　生产批量决策。首先，考虑需求是价格的线性函数，建立以生产批量为决策变量，以企业期望成本（包括生产成本、缺货成本和超产处理成本）为目标函数的单阶段生产批量决策模型，通过模型分析求出最优生产批量表达式；其次，以单阶段模型为基础建立两阶段生产批量决策模型，通过模型分析得到最优生产批量存在的条件及表达式；再次，建立了多阶段单产品生产批量决策模型，根据模型的特点把它转化为动态规划模型，并且设计动态规划算法，求解得到了各个阶段的最优生产批量；最后，建立了多阶段多产品生产批量决策模型并把它转化为动态规划模型设计了动态规划算法。

第4章　不确定产出投产量决策。提出以投产期望成本（包括超产期望成本和欠产期望成本）为决策目标，以投产量为决策变量的模型。在此基础上，首先，建立了产品不合格率连续随机分布投产模型，且给出了最优投产量满足的方程；其次，考虑一些不合格率概率密度函数不能用数学表达式表示或者过于复杂，建立了产品不合格离散随机分布投产模型，结合模型的特点，设计了步长—比较算法求解模型；最后，根据"学习曲线"原理，随着产品投产量的增加，工人可以通过学习不断地降低产品不合格率的情况，建立了基于学习曲线的投产量决策模型。

第5章　不确定产出供应链投产量决策。首先，考虑需求和价格呈线性关系，构建价格关于投产量的函数。其次，在此基础上建立以投产量为决策变量，以供应链期望利润为目标函数的集中与分散决策模型。通过模型的分析，得到了集中决策和分散决策对应的最优投产量表达式。再次，分别从供应商和供应链的角度求解得到了两种情况下的最优批发价表达式。最后，考虑销售商和供应商分配的利润不低于从供应商角度决策批发价得到的利润，构建了利润协调模型，得到了利润分配系数的取值范围。

第6章 不确定产出闭环供应链投产量决策。基于产出的不确定性和旧产品的回收，考虑闭环供应链中的供应商供应、销售商出售、销售商回收，建立起以投产量和消费者回收价为决策变量的闭环供应链集中和分散两种模型，并求解得到两种决策模型的最优投产量、最优消费者回收价、最优批发价表达式，同时就三个方面与一般供应链进行了比较。

第7章 不确定需求与产出供应链投产量决策。考虑需求的不确定性和产品合格率的随机性，分别建立以投产量为决策变量的供应商与销售商二级供应链分散决策模型和集中决策模型。对于分散决策模型，首先，证明了销售商存在最优订购量，并给出了其数学表达式。其次，考虑销售商以最优订购量进行订购，供应商以订购量为产出量进行投产，建立了供应商投产量模型，证明了模型存在最优投产量。最后，通过需求和产品合格率服从均匀分布模型的分析得到了最优投产量数学表达式，分析出最优投产量随着产品的再投产准备费用、需求均匀分布均值和销售商订货不足缺货单位成本的增加而增加，随着产品不合格单位处理成本和销售商过量订购单位成本的增加而减少。对于集中决策模型，考虑需求的不确定性和产出产品合格率的不确定性，建立了投产量决策模型，证明了模型存在最优投产量。通过需求和产品合格率服从均匀分布模型的分析得到了最优投产量数学表达式，分析出最优投产量随着产品的再投产准备费用和需求均匀分布均值的增加而增加，随着产品不合格单位处理成本的增加而减少。

1.2.3 拟解决的关键问题

（1）如何将影响需求和产出不确定的关键要素整合进生产批量模型中。

由于需求和价格有关，产出与不合格率有关，首先需要识别对MTO企业生产绩效具有显著影响需求和产出的关键要素，然后需要采用有效的方法对需求和产出要素进行量化。

（2）如何基于 MTO 企业的生产批量目标，从供应链视角建立考虑不确定需求和产出的投产量模型。

由于在模型中考虑不确定需求和产出的因素，模型考虑的指标显著增加，用现有的模型或者求解方法难以得到最优投产量，必须建立新的理论体系和应用新的方法：如基于"学习曲线"的最优投产量理论，基于闭环供应链理论考虑旧物回收的投产量决策模型，应用"步长—比较"算法求解多阶段单产品和多阶段多产品的投产量决策模型，以及其他关于行为和生产批量结合的理论等。

（3）如何求解不确定需求和产出下的投产量模型。

本书所研究的问题属于非线性规划问题，采用传统的方法无法得到最优解。如多阶段模型通过构建等价的动态规划模型以及设计对应的动态规划算法很好地求解出了多阶段最优生产批量。在产品不合格率离散随机分布投产模型中，设计了步长—比较算法，该算法的思路为：在一定的精度下（步长），通过比较全部投产期望成本来获取最优的投产量。这种算法的优点遍历全部可能的解；缺点是当解空间过大，以及要求的精度较高时，需要耗费较长的时间。

1.2.4 创新点

（1）不确定产出供应链投产量优化决策。

根据我国订单生产式企业合格率不高和随机性的特点，建立供应商和销售商二级供应链集中和分散决策投产量优化模型，得到了产品合格率分别服从均匀分布和正态分布的最优投产量；构建了基于"学习曲线"的供应链投产量优化模型，得到合格率服从均匀分布的最优投产量。

（2）不确定产出闭环供应链投产量和回收价联合优化决策。

根据我国订单式企业进行旧品回收，结合产出的不确定性和旧产品的回收，建立闭环供应链集中和分散决策投产量联合优化模型，得到了合格品率服从正态分布的最优投产量和最优消费者回收价。

(3) 不确定产出和需求供应链投产量优化决策。

结合我国订单式企业需求的不确定性和产品合格率的随机性，建立了供应商和销售商二级供应链的投产量集中决策和分散决策优化模型，得到了需求和产品合格率服从均匀分布的最优投产量。

1.3 研究方法、技术路线与研究框架

1.3.1 研究方法

(1) 实证研究。

通过走访珠三角地区多家典型订单生产式企业，采取现场人员访谈、数据采集、调查表发放及现场考察等方式，了解它们在运营过程中遇到的问题和解决的方法。其中，深入到某铝材公司生产一线调研，收集有关资料和数据，进行概率与数理统计分析，并以该企业生产过程产生的数据验证了本书模型的有效性。

(2) 理论研究。

大量阅读和总结国内外供应链管理下生产作业优化的文献，运用生产运营管理、管理学等理论和方法，研究不确定需求和产出下我国订单生产式企业生产作业系统建模与优化问题，如学习曲线理论、供应链协调理论、闭环供应链理论等。

(3) 仿真研究。

采用 Maple 和 Matlab 数学软件求解和分析文中的数学模型。此外，还采用了动态规划算法求解多阶段多产品最优 MTO 企业生产批量模型，采用了步长—比较算法求解产品不合格率离散随机分布 MTO 企业投产量模型。

1.3.2 技术路线

通过对文献的梳理，结合研究内容，本书的整体技术路线如图 1-1 所示：

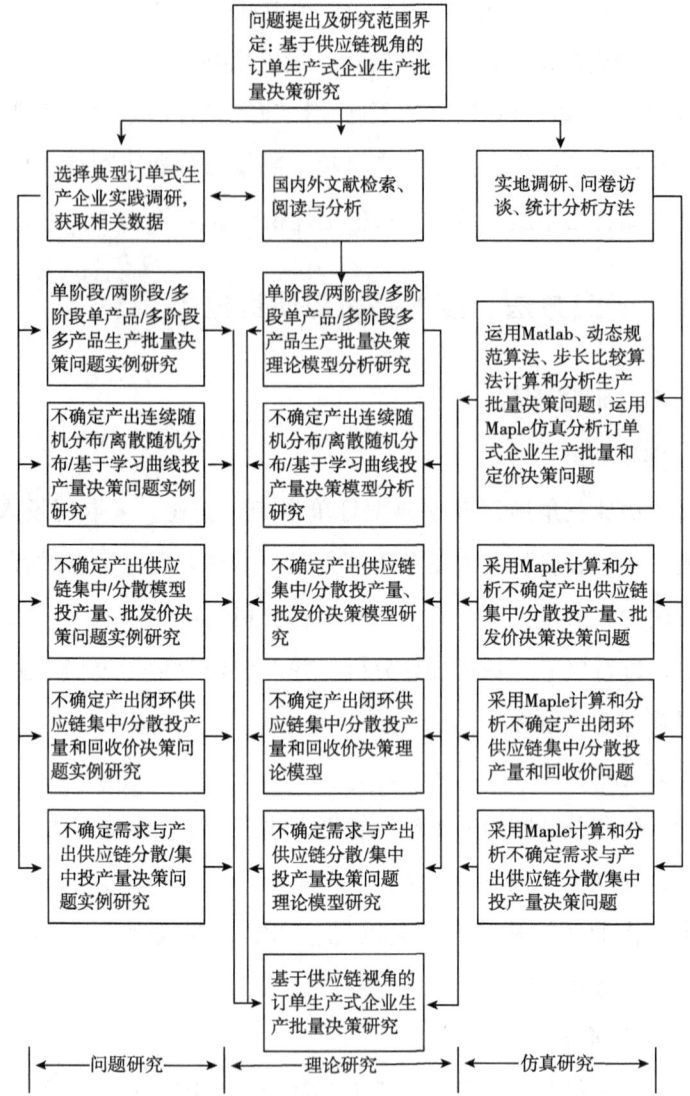

图 1-1 技术路线图

1.3.3 研究框架

在技术路线指引下,本书共分为七章,研究框架如图 1-2 所示:

第1章 绪论

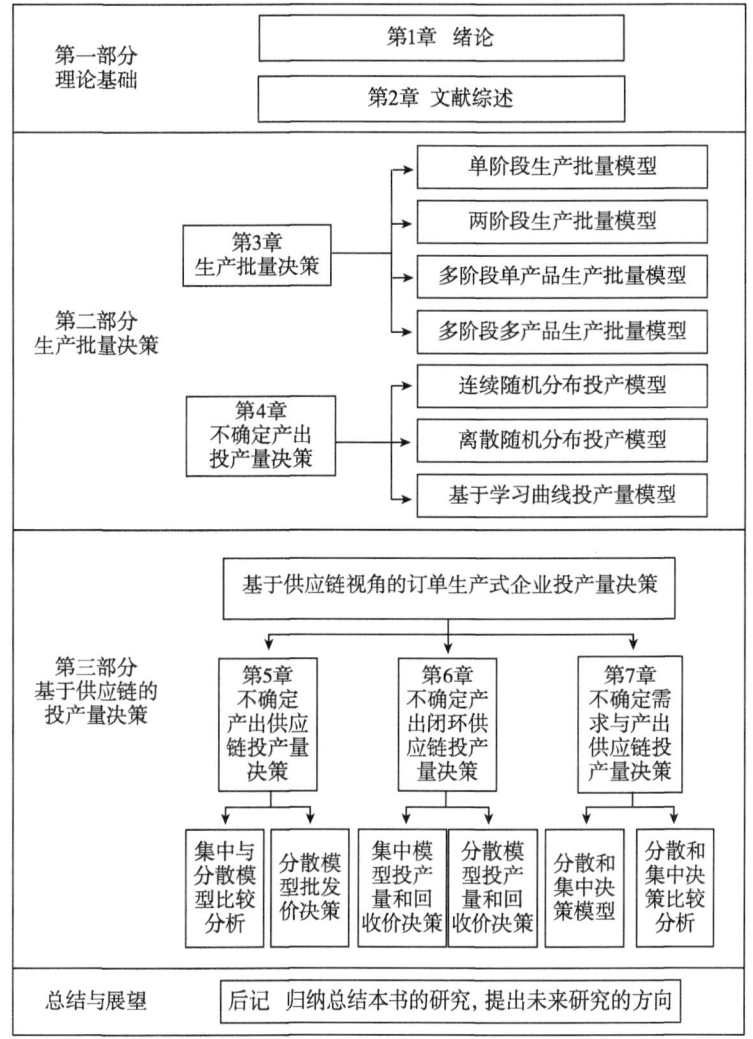

图 1-2 研究结构图

本书内容中，第 2 章为本书研究提供理论参考及方法指导。第 3 章、第 4 章为单个企业生产批量决策研究，是研究理论及方法基础。其中，第 4 章投产量决策是在第 3 章的基础上考虑了产品产出存在不合格率的生产批量决策研究。第 5 章至第 7 章为本书的核心部分。而且，第 3 章至第 7 章是从企业内部到企业之间的投产量决策研究，其中，第 5 章至第 7 章是层层递进的关系，在研究问题投产量不变的前提下，考虑的假设条件由浅入深、由简单到复杂，由企业之间的投产量决策到考虑回收闭环供应链投产量决策；第 6 章不确定产出的闭环供应链投产量决策是在第 5 章不确定产出投产量决策研究的基础上进行的。

第 2 章 文献综述

2.1 订单式生产

面对复杂多变的外部需求和影响生产进度的内部随机不确定因素,我国大部分企业采用订单式生产模式,在这种生产模式下,产品品种多、批量小,且产品多数为新产品。这种小批量、多品种需求使生产计划的工作变得复杂起来。另外,许多不确定因素会影响生产计划的执行,如订单的取消和更改等,有如下文献可供参考:

(1) 不确定需求/产出的订单式生产计划与优化。

订单生产式企业按照客户的需求量安排生产,由于生产受各种因素如原材料、设备、工艺、员工等的影响,产出合格的产品数具有不确定性[1-4]。Lwase Masaharu, Ohno Katsuhisa(2008)[5]考虑了基于产能、需求存在随机性,研究了 MTO 生产—储存系统,采用马尔科夫链方法建模,确定最佳的零件补给时间点,讨论了随机需求及随机生产能力下订单式生产离散生产系统库存优化及决策问题,以最大限度地减少每期库存积压下的平均库存成本。张毕西、宋静等(2008)[6]假设产出产品合格率服从正态分布,以损失期望最小化为目标函数,建立了产品计划投产量优化决策模型,通过应用实际生产数据来验证了该模型的有效性。

Besbes, Omar(2009)[7]建立了随机市场需求下,客户对价格和延迟交货敏感的按订单生产企业的收益最大化随机流系统模型,通过求解该模型可得到近似最优的价格策略。Gao，Hua Li 等（2011）[8]在充分考虑订单式生产系统的低重复性和不确定性的产品合格率条件下，提出了订单生产式企业基于产能约束的产品计划投产量决策模型，并提出了最优的解决方案。Chaharsooghi，S.K. 等（2011）[9]在 MTO 生产模式下，基于随机需求函数和具有有限产能约束下，采用多阶段随机规划方法，来对客户价格和提前期等进行联合决策，分析得到变化环境下关于不同级别客户价格和提前期动态决策的利润。

Altendorfer Klaus，Minner Stefan（2011）[10]针对产品需求和加工时间随机且客户交货期服从一定分布的两阶段订单式生产系统，考虑每个阶段的总库存持有成本及客户订单延迟成本，寻求最佳的产能和计划提前期。谢祥添（2015）[11]研究了不确定需求和产出下 MTO 生产批量优化模型，得到最优投产量及条件。

（2）其他订单式生产计划与优化。

Ueda，K.（2004）[12]介绍了订单式生产环境下生产控制和计划的新兴合成方法，该方法能够评估和控制系统的完工时间和成本范围。Tian-Syung Lan，Chih-Yao Lo，Jian-Lun Deng（2008）[13]针对订单生产式企业，研究了在满足订单数量和交货期情况下如何减少总生产成本。Ebadian M. 等（2009）[14]构建了一个针对订单式生产的三层生产计划模型，在订单排序层采用了一个修正的调度规则对现有订单进行排序，从而满足已接受订单的交货。Stefansson H. 等（2009）[15]针对订单式生产企业灵活多变的需求环境和生产的不确定性，通过系统化建模解决生产计划问题。Arredondo，Facundo 等（2010）[16]针对订单接收问题，在不确定环境下以快速响应未知订单达到率并最大化单位产能成本的收益为目标，提出了 ARLOA 调度算法。Jodlbauer，Herbert 和 Reitner，Sonja（2012）[17]考虑了订单式生产系统中随机环境下加工时间和准备时间等对服务水平和总相关成本的影响。许洁、阚树林等（2008）[18]针对在线订单生产系统，考虑了基于生产时间学习曲线，通过仿真模型来寻求提高在线订单拉动生产线交货能力的方法。Chen C.（2006）[19]对生产商在销售提前期需要解决的订单调度和分配进行了研究分析，在已确定订单数量的情况下，为实现最优的绩效指标，对每个生产工厂生产的订单产品、每个生产工厂的订单产品生产计划、各个生产工厂订单完工产品的运输计划进行规划和制定。

在需求不确定的环境下，订单式生产模式被我国制造企业广泛采用，具有快速响应客户的优势，同时也会出现产出不确定的问题。不少学者对订单式生产模式进行了研究，取得了很多成果。大多数是从单个企业出发，研究了企业的生产计划、订单排队等问题。本书在文献研究的基础上，考虑了不确定需求和产出，从供应链角度来研究订单生产式企业的生产批量问题。

2.2 生产批量

生产计划问题（Production Planning）或者生产批量问题（Lot Sizing）主要是研究在一个多阶段的时间段内，每一阶段是否生产以及相应的产量的问题，主要是依据客户需求，制定出一套合理的生产计划，在满足顾客需求的基础上，降低企业库存成本和生产准备成本，提升企业竞争力。

1913 年美国的电气工程师 Harris（1913）最先提出了一种库存管理模型，也就是著名的经济订货批量 EOQ 模型[20]。由于该模型在 1934 年被 Wilson（1934）用于实践中，所以它又被称为 Wilson 批量公式[21]。目前，该公式仍然广泛应用于许多库存控制的计算机软件包中。Bowman（1956）[22]和 Manne（1958）[23]首次提出用线性规划方法对批量优化问题进行建模。Harvey M. W.，Thomson M. W.（1958）[24]在 1958 年第一次提出批量问题的基本构建，Wagner 和 Whitin 对求解无能力约束批量优化问题给出了一个多项式时间算法。1963 年，Dzielinski，Baker 和 Manned[25]发表的文献中，通过测试和仿真工业生产环境指出，线性规划方法可以帮助求解批量计划问题。Dzielinski 和 Gomory，Lasdon 和 Terjung 用列生成方法来解决批量优化问题[26,27]，随后的研究批量问题的计算复杂度取决于模型中所考虑的特征因素，如：产品数量、能力约束及其性质（恒定的或变化的）、生产周期的长度，等等。Hax 和 Candea（1984）[28]对基本的 EOQ 模型进行了一些扩展研究，包括允许拖期存在、允许失去需求和定量折扣的模型。Tersine R. J. 和 Price（1981）[29]探讨了临时价格折扣情况。Lev 和 Weiss（1990）[30]，Gascon（1995）[31]提出了有限能力情况下的求解问题的方法。

2.2.1 不确定产出下生产批量优化

制造企业在生产过程中受到很多因素的影响，比如设备、人员、环境等，特别是订单生产式企业面对客户需求的变化，需要不断调整设备、人员、工序等来满足其需求，使得产出产品的合格率具有不确定性，订单生产式企业的欠产使得供应短缺，会影响到整体供应链的竞争能力。产出产品具有随机性，使得生产批量难以确定，这成为企业需要解决的难题。国内外已有不少学者从不同角度进行了研究，采用的方法也不尽相同，笔者选取了一些与本书研究相关度较高的文献进行分析。其中，Yano C. A.，Lee H. L.（1995）[32]对基于产出随机的生产批量的研究进行了较好的文献综述，Karlin S.（1958）[33]针对产出率考虑了多种随机分布情况，建立包括超产处理成本和再调试生产成本的生产批量模型，通过建模证明了每种分布存在最优生产批量。Gregory W. R.，Dov A. B.（1967）考虑了产品出现不合格品情况，以此为基础建立了生产批量模型，模型中包括超产处理成本和当产品不符合需要时再次生产所产生的调试成本，求解模型得到了最优生产批量[34]。Shih W.（1980）[35]在 Karlin S.（1958）的研究基础上提出：如果库存成本、缺货成本是线性函数，与产出率服从的随机分布相互独立，则生产批量模型近似为报童模型。Yano C. A.（1990）[36]对单机器生产不同产出率的多部件生产计划问题进行了研究，他指出最优生产批量会影响生产准备时间和产能利用率。关于这方面研究，他与他人合作，取得了较多成果[37-38]。Gerchak Y.，Wang Y.，Yano C. A.（1994）[39]假设产出率服从均匀分布，在需求是刚性的条件下，以生产设置成本和生产成本为目标函数，建立生产批量决策模型，通过模型的分析证明了存在最优生产批量。随后，Anily S. (1995)[40]研究了在单机上的批量均匀产量和刚性要求：最佳解决方案的鲁棒性。Anily S.，Beja A.，Mendel A. (2002)[41]则考虑在刚性需求下，假设产出率服从几何随机分布，在此基础上建立生产批量模型，证明该模型存在最优生产批量。Tang (2007)等[42]研究了通过反应性定价来管理产出不确定下的问题。Keren (2009)研究了产出不确定条件下的报童模型，用随机变量来刻画产出风险，指出零售商的最优订购量超过需求时会促进供应商增加生产。Feng (2010)[43]研究了产出不确定条件下的动态定价和补货策略，结果表明基本库存定价策略不是最优的。现有研究大多是关于单个零售商或制造商采用各种运作策略来降低来自供应商的产出不确定性风险。与本书密切相关的是 Tang 等 (2011)[44]的研究。

企业在生产制造过程中，其生产能力是不断变化的。比如，增加设备和人员、进行技术改革等会提高生产效率。另外，工人熟练程度的提高，也会影响生产效率、产品制造成本和生产时间等，多年来不少学者针对人员要素开展了相关研究：如 1936 年美国康乃尔大学的 Wright[45]研究得到飞机生产中单位产品所需要的劳动时间随着产量积累出现下降的规律，他根据这个变化规律第一次在制造业中描述了经验曲线；1979 年，Yelle[46]第一次采用另一个名称"学习曲线"来描述经验曲线；Wright 的学习曲线（WCL）得到了更加广泛的使用，被广泛应用于员工选择、质量控制、计划安排、成本控制等方面。有关生产批量的有：Anzanello, Fogliatto[47]根据客户化定制的特征，提出按产品相似度分类归组，然后确定各组产品的学习曲线，并根据产品学习曲线及其批量确定其生产周期，以此作为任务分配的依据；Jaber 和 Bonney (1997)[48]研究了有边界的学习曲线条件下的生产批量问题，得到经济生产批量的计算公式，设定学习曲线与生产批量呈线性关系；A. Eynan 和 C. L. Li (1999)[49]考虑单位产品生产时间遵从生产进步规律的情况下生产批量分割的问题。关于生产率有：Glock（2013）等[50]建立了缺陷品可以返工处理的多级采购—生产模型，分析了学习效应与遗忘效应对最优成本的影响；Zanoni（2012）等[51]在供应商管理库存环境下，同时考虑了学习效应和遗忘效应对库存总成本的影响。但以上文献均忽视了疲劳对生产带来的不利影响。Jaber（2013）等[52]在建立学习—遗忘效应下生产库存模型时，将人的疲劳与恢复考虑到模型中；伏开放（2017）等[53]用学习遗忘理论模拟提前期动态变化过程。

国内，近年来有不少研究者对学习曲线用于作业组织模式进行了较多的研究。张毕西（2010）等[54]研究了对于多品种、变批量的人工作业系统，学习率曲线对作业组织模式的影响，构建了工时学习率函数（对数形式）；苏海涛（2017）等[55]针对残疾人，基于双因素学习曲线模型，建立了工时学习率函数（指数形式）。

工人学习率及其扩展应用领域的研究成果众多，但涉及学习率对投产量的影响的报道很少。最近，胡盛强（2012）[56]考虑了员工质量学习率，构建了学习曲线合格率函数（对数形式），以此建立了投产量决策模型，但仅代入数据对模型进行了数值分析。本书在参考 Wright T. P. 学习曲线公式的基础上，构建了指数的学习曲线不合格率函数，以此建立了不合格率服从均匀分布的学习曲线投产量模型。通过分析可知，模型存在最优投产量，且给出了最优投产量满足的方程，通过模型的分析得出了最优投产量和最优投产期望成本比没有考虑工人的学习能力时的投产量和期望成本要少的结论。

2.2.2　不确定需求下生产批量优化

有关需求不确定的研究主要集中在以下三方面：一是需求服从随机分布的随机变量；二是需求不确定与库存的关系；三是假定需求与价格或促销努力相关，是价格或促销努力的函数，比如说需求与价格或促销呈线性关系。

(1）基于前人对产出率的研究。比如，Panda, R. M.（1978）在 Karlin S（1958）的第二个模型基础上假设产能是无限的和需求是随机的，建立成本为目标函数的生产批量决策模型，通过模型分析，证明了存在一个盈亏平衡点。文献不仅考虑了生产成本、不合格品处理成本，还考虑了超产造成的库存成本和欠产造成的缺货成本[57]。Noori A. H., Keller G.（1986）, Shih W（1980）考虑需求服从均匀分布和指数分布两种情况，并在基础上建立报童模型，通过模型求出最优生产批量[58]。Vairaktarakis（2000）考虑需求不确定环境，对报童模型进行分析。Chao 等（2014）将产出率的随机分布设置为 [0，1]，并用满足该随机分布的产出率来量化供应商的随机产出。Eskandarzadeh 等（2016）[59]也对随机产出率进行了研究。

(2）从最优库存水平角度来研究需求不确定问题。对于可储存产品并且可延后销售的产品，设立一个最优库存水平，当初始库存量低于某个水平时就立即投入生产，当库存量达到最优库存水平时，生产就停止。通过这种储存策略，利用库存的缓冲作用，在一定程度上降低了不确定性需求产出的影响。这些学者有：Federgruen A., Zipkin P.（1986）[60], Van Houtum G. J., Inderfurth K., Zijm W. H. M.（1996）[61], Diks E. B., De Kok A. G.（1998）[62]以及 Zipkin P.（2008）[63]。不过，这种方法会导致较高的库存水平[64]。

(3）从数学模型角度来研究。通过分析影响生产批量的因素，建立生产批量数学模型来分析和求解。如：Gerchak Y., Vickson R. G., Parlar M.（1988）通过建立模型，证明了不确定产出随机分布会影响最优生产批量，同时得出订货点和初始库存不影响最优生产批量[65]。Wang 等（2014）通过应用加法的产出模型，考虑在大批量生产中，随机产出、库存能力和生产中断三个方面影响产出不确定的生产批量问题。张毕西等（2008）[66]考虑了产品不合格品率服从正态分布的不确定产出，通过从生产投入的角度建立了投产量模型。谢祥添等（2017）[67]在此基础上，考虑产品不合格率服从连续随机分布来建立投产量决策模型,并给出了最优投产量存在的条件。

本书第5章结合文献[66-67],以订单生产式企业面临不确定产出的问题,考虑产品不合格率服从一般分布,从集中决策和分散决策来建立投产量决策模型,通过对模型进行分析,证明了存在最优生产批量,并得到了最优生产批量的数学表达式。在分散决策中,分别从供应商和供应链角度分析和求解批发价,得到了最优批发价数学表达式。

2.2.3 不确定产出和需求下生产批量优化

不确定产出和需求是我国订单式企业普遍需要面对的环境,是研究订单式企业的一个重要话题,产生了一系列成果。施国洪(2011)等[68]研究了基于不确定产出和需求,二级供应链如何分担风险的问题,同时证明了供应商的最优生产批量受销售价格的影响。Jung J.(2004)等[69]考虑了在需求和产出等不确定情况下,建立模型通过仿真来讨论供应链上各个企业的安全库存水平。谢祥添(2014)等[70]在需求不确定、产品合格率服从随机分布情况下,以期望成本最小为目标函数,建立了投产量决策模型。Hu F.(2013)等[71]基于需求不确定性和供应中断,研究了二级供应链合作问题,证明了供应商和销售商共担生产过量风险,实行回购契约能够提高供应链的效益。Li(2013)等[72]研究了产出和需求不确定情况下,两个供应不确定供应商和一个制造商组成的供应链的订货策略,以及相关情况下竞争企业外包策略选择问题。胡盛强(2012)[73]等以多阶段MTO系统为研究对象,考虑产品合格率的不同分布情况,以计划投产批量为决策变量,分别建立生产成本模型。

本书在第7章7.2节中,基于产出和需求不确定竞争环境,建立了订单生产式企业供应商和销售商二级供应链投产量优化模型,通过模型求解出使得销售商的订货损失成本最小和生产商的投产费用最小的最优投产量。

2.3 供应链管理

20世纪80年代初,波特在《竞争优势》中提到的"价值链"是供应链管理理论的起源,供应链管理的概念最早出现在他分别在1983年和1984年发表的两篇论文中。随后,学界对供应链管理的研究越来越多,但是至今并没有形成一致公认的定义。

未来的竞争是整条供应链之间的竞争,供应链管理是一种跨企业之间协作、跨企业内各职能部门之间协作的生产管理模式,将企业外部的客户、合作伙伴、渠道分销商和供应商通过资金流和信息流、物流等联系在一起,形成一个价值增值链系统。Dudek G.(2005)[74]在Ertogral K.研究的基础上研究了包括生产商及其供应商的二级供应链生产协同,使用仿真求解验算得出该方法比Ertogral K.的方法更优的结论。

2.3.1 供应链管理协调

供应链协调机制研究是供应链管理的重要内容之一[75],Cachon[76](2001)对各种供应链协调策略进行了非常完整、清晰的回顾,并对各种协调策略和适用环境及协调能力进行了总结。朱宝琳等(2002)[77]提出了供应链协同计划模型,分析了影响供应链成员间建立战略合作伙伴关系的因素,经过成员间的协同达到供应链整体利润最优;杨文胜等(2004)[78]建立了快速响应的供应链协同计划模型,以使供应链成员和成员内部生产和物流的时间分配更有效合理。黄修纬等曾提出供应链体系协同绩效评估模式,将评估范围从个别供应商扩大到整个供应链体系,以代表供应链的整体运作状态。Dudek(2004)[79]提出了供应链系统中只有一个供应商和一个分销商的协同计划模型,供应链成员间建立平等协商的关系,实现供应链整体成本最优。Hemandez(2010)[80]建立了面向分布式的多Agent供应链协同计划模型,并对该模型进行求解,得出最优解。马士华等(2011)[81]提出了解决未知订单产品库存模型,分析了生产商向供应商下订单的时间及如何使其供应商协同决策达到最优,并提出了解决方法,该模型是集中协调模式下对供应链整体最优求解的效果最明显方法。戚守峰等（2010）[82]提出了在信息有限的情况下Agent供应链生产—分销协同计划模型,对其进行求解可得出生产商在成本最优的情况下同时满足消费者需求的供应链生产—分销协同计划,使得供应链整体成本最小、利润最大,达到目标最优,该模型对于解决分布决策效果明显；Zhang（2011）[83]对于供应链中产品价格不确定、顾客需求不了解的供应链协同问题,提出了多目标规划模型,该模型的目标包括上游供应商、生产商和下游分销商,对该模型进行求解和算例分析,表明该多目标规划模型对于供应链整体成本最优效果明显。

马士华和王福寿（2006）[84]考虑时间价格敏感性需求,研究了在分散式和集中式两种模式下定制供应链的决策问题。而供应不确定对供应链协调研究有着重要的影响,其中,供应商的随机产出又是供应不确定性的一个最常见、最重要的方面（2011）[85],产出的随机性会直接影响供应链的批发价策略。因而,研究这种带有随机性产出的供应链协调问题具有重要意义。张文杰等（2013）[86]研究了随机产出风险下的供应链协调问题,讨论了随机产出背景下的集中决策与分散决策模型。

定价问题也是供应链管理中的核心问题之一,其关乎供应链整体价值的实现及成员间利润的合理分配,是保证供应链良好运行的重要前提。关于供应链契约的研究现状可见一些综述性文献,如Cachon（2003）[87],Lariviere（1999）[88],Lariviere和Porteus（2001）[89],他们对批发价契约下的供应链运作做了翔实的分析；秦娟娟和赵道致（2009）[90]分析了制造商有定价权和零售商有定价权这两种定价结构下,供应链中成员对传统库存和寄存契约这两种库存运营模式的决策问题；于辉和王菲（2010）[91]考虑了在零售商具有和不具有批发价定价权时,制造商渠道选择的问题；李栩樾（2014）[92]研究了零售商的定价行为对供应链合同的选择带来的影响；高举红等（2017）[93]用Stackelberg博弈论方法,构建了再制造竞争闭环供应链分散式和集中式定价模型,根据产品类型的价格波动规律,分析了闭环供应链系统成员期望利润之间的关系。

供应链利润分配是供应链协调的一个重要方面。钟磊钢(2005)等[94]建立了一种基于协商定价的二级供应链中的制造商和零售商的合作关系的利润分配模型;周明等(2006)[95]通过限定合同参数的取值,实现供应商和制造商利益最大化,并使得整个供应链质量收益得到优化;孙多青,马晓英(2012)[96]基于合作成员各自对合作联盟的贡献,利用改进的K-S解法,设计出分配增加利润的方案;梁艳(2016)[97]考虑生产与需求不确定,构建出两级供应链收益共享协调契约与模型,对收益分配参数范围的确定进行了研究;徐晓婷(2016)[98]确定了供应商和零售商之间的收益共享契约关系,通过契约关系来协调此二级供应链的利益分配,并在此基础上建立双渠道供应链协调决策模型;张廷龙等(2017)[99]研究了制造商和零售商间的定价策略与协调问题,提出了四种收益共享契约设计;谢如鹤(2017)等[100]通过 Stackelberg 博弈和 shapley 值法,构建利润分配模型,分析并计算蔬菜二级供应链的利润分配值。虽然以上文献很好地解决了企业的实际问题,但并没有考虑供应链最优利润存在的条件或者最优利润时的最优批发价决策。

本书借鉴相关研究成果,基于一个供应商和一个销售商的供应链,考虑市场的需求和产品销售价呈线性关系,销售商根据市场需求进行订购,供应商按照销售商的订购量进行一次性投产,考虑到由于原材料、工艺、技术等使得产出具有不确定性,建立以投产量为决策变量,以企业期望利润为决策的分散模型,通过最优利润来决策投产量,进行数学推导分析,求解出最优批发价和利润分配值。

2.3.2 闭环供应链

供应链管理最开始是以企业生产效益为中心,考虑如何降低成本,提高企业的竞争力,但是从长远来看,需要考虑发展的可持续性,基于回收品的再循环利用和再制造的闭环供应链越来越必要。高效的闭环供应链可以直接为企业降低成本和增加盈利。与此同时，也将减少库存和分销的压力，提高顾客满意度，和顾客建立更紧密的关系。越来越多的企业意识到了实施闭环供应链策略可获得竞争优势，赢得更多的利润和更大的市场占有率。

闭环供应链的出现和广泛应用总体来说有三个方面的原因：一是当地政府希望减少经济发展对于各种大自然资源的依赖性，并尽可能地从传统意义上的"垃圾"中回收有用的价值，并通过相关的立法和政策；二是可以提高当地经济发展的可持续性；三是回收的利润驱使。

第一个原因最初是由美国的制造企业察觉的，他们希望通过发展逆向物流来获取这些回收品的剩余价值，这在 Atalay（2008）等[101]，French 和 LaForge（2006）[102]，Guide 等[103]的研究成果中都有所描述；而第二个原因则主要是由于欧盟在环境保护上的立法导致，例如废弃电器和电子环境的生产设备（WEEE）法令，这些立法要求产品的制造商对无使用价值或者用户已经不需要的产品的环境影响负责，于是欧洲的制造商也开始建立逆向物流渠道来满足这些要求，Jayaraman（2003）等[104][105]，Kumar 和 Malegeant（2006）[106]，Georgiadis 和 Besiou（2009）[107]，Chen 和 Monahan（2010）[108]，Neto（2010）等[109]的研究中都详细介绍了欧洲这些律法和它们对于欧洲企业建立逆向物流的影响，但后来他们在与美国企业的交流中发现，他们所设立的逆向物流渠道同样也可以帮他们获取这些回收品的剩余价值。正是这两个原因，推动了逆向物流或者说闭环供应链在现代制造业中的飞速发展。

目前国内外学者们的研究主要集中以下几个方面：

（1）回收过程和回收数预测。Richter（1996）[110]，Teunter（2001）[111]考虑的是回收与需求过程相互独立的情况，且逆向物流过程中返回量和需求量是固定不变的，而大多数学者认为回收量服从一定的分布；Kiesmuller 和 Lann（2001）[112]认为返回量与需求量存在一定的概率相关关系；Minner 和 Kleber（2001）[113]考虑了需求量和返回量相互独立的情况，分析了需求量和返回量都服从连续均匀分布下的废旧产品回收问题。Muckstadt 和 Isaac（1981）[114]，Lann 等（1999）[115]，Bayindir 等（2003）[116]考虑的是返回量与需求量都服从于相互独立的齐次泊松的回收过程。Birto（2004）[117]通过研究发现，如果废旧品返回概率大于 1，则与大部分文献研究结果吻合，即返回量与需求量之间是相互独立的，但是如果废旧产品返回概率小于 1，则需求量和回收返回量之间是相关的。而 Kleber（2006）[118]则研究了再制造技术的整体决策和产品回收的投资时间。

（2）回收渠道。Savaskan[119]最早提出了三种回收渠道：制造商回收、零售商回收以及第三方混合回收，后来学者们的研究大都是在这三种回收渠道的基础上进行的。国内学者还提出三种混合回收渠道，即供应商和零售商混合回收、制造商与第三方混合回收、零售商与第三方混合回收。韩小花和董振宁（2010）[120]考虑了两个生产商和两个零售商的双边闭环供应链情况，通过对回收渠道决策模型进行研究发现，生产商之间和零售商之间的竞争程度共同影响了回收渠道的选择，而且生产商之间的竞争程度对渠道的选择影响更大。郑继明（2012）等[121]通过研究发现，制造商是否选择回收渠道与市场竞争程度有关，竞争不激烈时，供应商选择自己的回收渠道，而市场竞争非常激烈时，制造商会选择零售商回收渠道。

（3）定价策略。Sandy 和 Hahn[122]分别研究了供应链成员关系、回收策略等对于供应链的定价及利润分配的影响。张克勇等（2009）[123]构建了具有产品再造的供应链闭环定价集中性和分散性决策模型，并发现集中决策下废旧品回收价格和利润期望都高于分散决策，而销售价低于分散决策。周琴（2014）[124]通过对闭环供应链定价模型进行数值仿真发现了集中决策下，废旧品回收价高于分散决策。Gu Qiaolun 等[125]对供应商（制造商）、第三方回收、零售商回收三种逆向供应链回收模式的回收产品的定价策略进行了对比。缪朝炜和夏志强[126]基于以旧换新策略构建以上三种回收的闭环供应链决策模型,并分别讨论了三种回收模式的回收策略及最优定价。

通过文献分析可知:①对于产品的返回量分布的认定还存在一定的主观性,没有对所研究的回收产品的特点进行详细的分析论证;对于产品回收计划的研究,现有文献主要以过去的产品销售量为基础预测产品回收量,没有考虑产品回收后的质量情况,特别是对旧产品回收后的状态不能有效预测。构建模型进行回收预测是有待进一步研究的课题。②从供应链角度来进行回收价决策的文献不多,通过回收价考虑产品不合格率来研究投产量决策的文献较少。③国内外一般选择单一的回收渠道,很少选择混合的回收渠道。④对于回收再制造的生产计划与控制还处在起步阶段,存在以下不足:没有充分考虑再制造过程的特点,对再制造过程的不确定性认识不足,考虑确定性情形的文献较多,而对不确定情形的研究较少;大多基于生产企业成本的角度来考虑回收产品再制造,较少考虑生产商和销售商联合决策的情况。

最近的研究中,不确定的需求这一因素被越来越多地提及。Atasu 和 Cetinkaya[127]考虑了回收率、回收时间和再利用率等因素对再制造产品供求关系的影响,以求得获取再制造过程的最大利润。

Pishvaee 和 Torabi[128]首先研究了闭环供应链中带有不确定性的网络规划问题,其最大的特点即参数是不精确的。他们为这一问题构建了一个双目标的混合整数规划模型并利用模糊规划(Fuzzy Programming)来求解这一问题。之后,Pishvaee 等[129]研究了多周期的带有不确定性需求的生产计划问题,他们提出了一个鲁棒最优的模型(Robust Optimization Model)来描述这一问题。这个模型首先包含了一个确定性的混合整数规划,然后通过最近鲁邦最优性理论的扩展,找到了这一混合整数规划的鲁邦最优模型并对其完成了求解。Georgiadis 等[130]在一个共享资源、仓库、分销渠道和客户区域的多产品设施选址问题中,考虑了随时间变化的需求的不确定性。最终他们为这个问题构建了一个混合整数规划,并利用标准的分支定界（Branch and Bound）算法来求解这一问题。

潘正东等（2009）[131]则在他们的研究中考虑了有动态能力约束的逆向供应链批次问题。而精益生产背景下的生产和再制造批次问题也被 Rubio 和 Corominas（2008）[132]提出。他们通过研究发现混合了生产和再制造的生产计划往往是最优的。Zhou（2005）[133]和 Disney 则在生产批次问题中考虑了牛鞭效应的影响。Atasu 和 Cetinkaya[134]考虑了回收率、回收时间和再利用率等因素对再制造产品供求关系的影响，以求得获取再制造过程的最大利润。

本书在考虑需求关于价格线性相关，回收量关于回收价线性相关，以及产品合格率随机分布的情况下，从闭环供应链角度研究了供应商和销售商二级供应链联合优化投产量和回收价问题。

2.3.3　订单式生产模式的供应链管理

张毕西等（2004）[135-139]对订货生产式企业作业任务交货期进行研究，对订单生产式企业产品生产工序时间的特点进行了分析，并且指出：在生产过程中各道工序时间随机的情况下任务交货期作一个时间区域，分别建立了两个最优交货期模型和一个最优完工时间偏差控制模型。梁樑、王志强（2005）[140-141]在分析传统供应链运作过程的特征的基础上提出供应链绩效综合评价的四大指标，构建了可以根据供应链运作环境的变动来调整制定合作战略的订单式生产模式下供应链联盟集成决策指派模型，该联盟合作战略符合纳什均衡理论，既保证了供应链战略联盟的稳定，也改善了供应链战略联盟的整体绩效。

Ozbayrak M.（2006）等[142]通过建立生产计划和控制策略，并对外部环境进行仿真模拟，认为实施订单式生产的供应链系统需要具备应对环境变化和不确定的能力。

Ma Zengzhi（2007）[143]采用广义随机 Petri 网和马尔可夫链建立了 MTO 供应链模型，该模型通过求解广义随机 Petri 网模型的稳态概率优化系统功能和业务流程，解出了瓶颈、供应链整体产出。

张毕西等（2007）[144]对订单式生产的产品利用 BP 神经网络进行模拟仿真预测交货时间，利用 ERP 建立产品完工交货时间预测模型。倪卫涛、周晶（2007）[145]分析了生产企业中订单式生产模式对供应链的要求，分析了 MTO 生产模式下货物交货期提前和延后产生的额外成本，构建了产品单位利润最优的交货期决策模型，并且对其进行优化。付秋芳（2007）[146]构建了订单式生产模式下供应链系统响应模型。聂兰顺等（2007）[147]对于订单式生产模式下的供应链中生产商和上游供应商的多个订单产品的价格和交货期问题，针对各个节点企业间既是竞争又是合作的战略合作伙伴关系的特点提出了分阶段协商议程。

Serugendo G.（2008）[148]建立了一个针对订单式生产中产品品种多样、批量较小、复杂多变和大规模定制的 MOS 装配系统模型，在该系统中，各个板块都具备了自组织、自适应的能力。Chen 和 Guruprasad（2009）[149]对订单式生产模式下生产商只有一个上游供应商和一个下游客户的供应链进行研究，并且构建了订单式生产供应链的产品生产和分销调度模型：在确保顾客服务水平一定的情况下，对订单产品进行加工和对完工的订单产品进行包装的规划，使得总成本最优。

2.3.4 供应链视角下生产批量决策

在供应链背景下提出了一种生产批量与定价的联合决策模型，在分析了最优联合决策的性质后，开发了求解模型的算法，以有效地辅助供应链协调管理[150]。

钱翔（2013）[151]研究了闭环供应链背景下带能力约束的设施选址和生产批量的联合问题。这个问题主要包括了新产品销售和回收品回收两种行为。郑佳琳（2017）[152]在产出与需求均存在不确定性的情况下，通过批发价契约建立模型分析得出零售商的最优订购策略和供应商的最优生产策略。

本书针对产品产出合格率不高，产量不足需再次投产等，建立了供应商和销售商二级供应链的集中决策和分散决策两种模型，这两种模型都存在最优投产量，能使期望利润达到最大值。

2.4　本章小结

针对本书研究内容，通过对文献的收集、整理和分析可知：

首先，对于本书研究的内容，国内外学者已经做了大量的研究工作，取得了丰富的成果。本书所采用的理论和方法是基于这些文献的研究，从供应链的角度来研究不确定需求和产出的投产量决策问题，也是对以上研究的补充，具有一定的理论意义。

其次，本书研究的内容属于供应链视角下的生产运营管理内容，随着企业生存的环境、供应链管理水平、生产方式、生产管理和生产技术等的发展变化，研究内容和结论也有所不同。所以，虽然本书研究的内容很早就受到国内外学者的关注和研究，但在竞争日益激烈的社会环境下，供应链管理在企业中应用越来越普遍，国内外学者针对基于供应链视角的不确定需求和产出的我国订单生产式企业生产批量决策问题展开的研究不多，因此，本书存在一定的现实意义。

第 3 章 生产批量决策

3.1 引言

本书研究的核心问题是订单生产式企业的生产批量决策,因此本章以生产批量为研究对象,为第 4 章至第 7 章投产量决策研究奠定理论和方法基础。生产批量是指一次投入或产出同一产品或零件的数目。在以客户为中心的市场环境下,客户的需求具有多样性和不确定性,生产批量和客户需求量一致是几乎不可能的。若生产过量会产生库存等成本,若生产不足会产生缺货等成本。所以面对不确定需求存在一个最优的生产批量使得企业生产成本最小化。

首先,根据我国订单式生产企业面对需求不确定,建立以生产批量为决策变量,以企业期望成本(包括生产成本、缺货成本和超产成本)为目标函数的单阶段生产批量决策模型。通过对模型的分析,得到了最优生产批量表达式。其次,在此基础上建立了两阶段生产批量决策模型,通过模型的分析,得到了两阶段最优生产批量。通过单阶段与两阶段最优生产批量表达式比较得出:单阶段的最优生产批量与生产单位成本,缺货单位成本和库存单位成本的需求分布函数相关,而两阶段的第一阶段最优生产批量与缺货单位成本和库存单位成本的需求分布函数相关。两阶段的第二阶段最优生产批量除了与第二阶段的需求量分布函数、缺货单位成本、库存单位成本和生产单位成本相关外,还与第一阶段的随机需求量和第一阶段的最优生产批量相关。再次,建立了多阶段单产品生产批量决策模型,根据模型的特点把它转化为动态规划模型,运用设计动态规划算法求解得到了各个阶段的最优生产批量。最后,建立了多阶段多产品生产批量决策模型,并把它转化为动态规划模型,设计了动态规划算法。

3.2 单阶段生产批量模型

模型参数及说明:

c_1 = 生产单位成本;

c_2 = 缺货单位成本;

c_e = 超产处理单位成本;

Q = 客户对产品的需求量,它是随机变量,设 $f(x)$ 和 $F(x)$ 分别为 Q 的概率密度函数和概率分布函数;

y = 生产批量,它是决策变量。

3.2.1 模型的建立

考虑需求不确定,建立一般生产批量决策模型为:

$$E(y) = c_1 y + c_e E[(y-Q)]^+ + c_2 E[(Q-y)]^+ \tag{3.1}$$

其中,$[z]^+ = \max[z, 0]$,等号右边第一项为生产成本,第二项为超产处理成本,第三项为缺货成本。

对式(3.1)进行积分变换得:

$$E(y) = c_1 y + c_e \int_0^y (y-Q)f(Q)dQ + c_2 \int_y^\infty (Q-y)f(Q)dQ \tag{3.2}$$

3.2.2 模型的分析

命题1:式(3.2)存在最优生产批量 y^*,且它的表达式为:

$$y^* = F^{-1}\left(\frac{c_2 - c_1}{c_e + c_2}\right) \tag{3.3}$$

其中,$F^{-1}(x)$ 为 $F(x)$ 的反函数。

证明：对式（3.2）求关于生产批量 y 的一阶导数，有：

$$\frac{dE(y)}{dy} = c_1 + h\int_0^y f(Q)dQ - c_2\int_y^\infty f(Q)dQ = c_1 + c_e\int_0^y f(Q)dQ - c_2[1 - \int_0^y f(Q)dQ] = c_1 - c_2 + (c_e + c_2)\int_0^y f(Q)dQ$$

这时令 $dE(y)/dy = 0$，求解 y 则有：

$F(y) = \dfrac{c_2 - c_1}{c_e + c_2}$，由于 $F^{-1}(x)$ 为 $F(x)$ 的反函数，所以有：$y = F^{-1}(\dfrac{c_2 - c_1}{c_e + c_2})$。

对式（3.2）求关于生产批量 y 的二阶导数，有：

$\dfrac{d^2E(y)}{dy^2} = (c_e + c_2)f(y) > 0$，所以式（3.2）存在极小值。根据最值定理可知，这时 $y = F^{-1}(\dfrac{c_2 - c_1}{c_e + c_2})$ 是唯一的极值点，所以命题1成立，证毕。

命题1结论：最优生产批量是需求分布函数的反函数，它与生产单位成本、缺货单位成本和超产处理单位成本相关。

3.2.3　需求量服从均匀分布的单阶段模型分析

需求量服从均匀分布的单阶段模型分析，即 $Q \sim U[a, b]$ 模型分析。若需求量 $Q \sim U[a, b]$，则有：

$$f(Q) = \begin{cases} \dfrac{1}{b-a} & a \leqslant Q \leqslant b \\ 0 & others \end{cases} \tag{3.4}$$

由命题1可知：$y^* = F^{-1}(\dfrac{c_2 - c_1}{c_e + c_2})$，因为需求量 $Q \sim U[a, b]$，所以 $F(y) = (y-a)/(b-a)$。因此有：$(y^* - a)/(b-a) = (c_2 - c_1)/(c_e + c_2)$，所以需求量服从均匀分布式时的最优生产批量为：

$$y^* = [a(c_e + c_1) + b(c_2 - c_1)] / (c_e + c_2) \tag{3.5}$$

从式 (3.5) 可知, 若需求服从均匀分布, 最优生产批量随着生产单位成本的增加而减少, 随着缺货单位成本的增加而增加。

3.2.4 算例

有一服装制造商预测第一季度某一衣服需求量服从均匀分布, $Q \sim U$ [10000, 20000], 服装生产单位成本为1000元, 缺货单位成本为1400元, 超产处理单位成本为600元。问该企业最优的生产批量和最优成本是多少?

依题意可得: $Q \sim U$ [10000, 20000], $c_1 = 1000$ 元/件, $c_2 = 1400$ 元/件和 $c_e = 600$ 元/件, 把以上相关参数代入式 (3.2) 可得生产批量决策模型为:

$$E(y) = \frac{1}{10}y^2 - 2400y + 31000000 \qquad (3.6)$$

根据式 (3.5) 可得最优生产批量为:

$$\begin{aligned} y^* &= [a(c_e + c_1) + b(c_2 - c_1)] / (c_e + c_2) \\ &= [10000 \times (600 + 1000) + 20000 \times (1400 - 1000)] / \\ &\quad (600 + 1400) = 12000 \text{ (件)} \end{aligned}$$

把 $y^* = 12000$ 件代入式 (3.6) 可得最优成本为 1.66×10^7 元。

为了进一步弄清生产批量与成本的关系, 根据式 (3.6) 作成本 $E(y)$ 与生产批量 y 的关系图, 如图 3-1 所示。从图 3-1 可知, 成本随着生产批量的增加先减少后增加, 存在最小的成本。

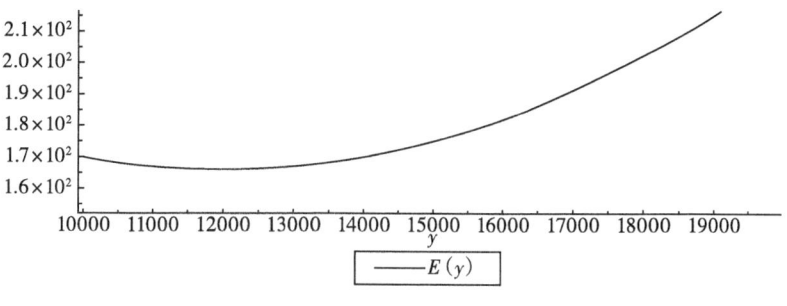

图 3-1 $E(y)$ 与 y 关系

3.3 两阶段生产批量模型

模型参数及说明：

Q_1 = 第一阶段客户对产品的需求量，它是随机变量，设 $f_1(x)$ 和 $F_1(x)$ 分别为 Q_1 的概率密度函数和概率分布函数；

Q_2 = 第二阶段客户对产品的需求量，它是随机变量，设 $f_2(x)$ 和 $F_2(x)$ 分别为 Q_2 的概率密度函数和概率分布函数；

y_1 = 第一阶段生产批量；

y_2 = 第二阶段生产批量；

h = 库存单位成本；

d_1 = 第一阶段初始库存，假设为 0。

d_2 = 第二阶段初始库存，其中它与第一阶段生产批量和库存的关系为 $d_2 = y_1 + d_1 - Q_1$。根据第一阶段初始库存为 0 可得：$d_2 = y_1 - Q_1$。

3.3.1 模型的建立

考虑第一阶段初始库存为 0 和需求不确定，建立第一阶段生产批量决策模型为：

$$E_1(y_1) = c_1 y_1 + hE\left[(y_1 - Q_1)\right]^+ + c_2 E\left[(Q_1 - y_1)\right]^+ \quad (3.7)$$

其中，等号右边第一项为生产成本，第二项为库存成本，第三项为缺货成本。

对式（3.7）进行积分变换得：

$$E_1(y_1) = c_1 y_1 + h\int_0^{y_1}(y_1 - Q_1)f_1(Q_1)dQ_1 + c_2\int_{y_1}^{\infty}(Q_1 - y_1)f_1(Q_1)dQ_1$$

(3.8)

考虑第二阶段初始库存为 $d_2 = y_1 - Q_1$ 和需求不确定，建立第二阶段生产批量决策模型为：

$$E_2(y_2) = c_1 y_2 + hE\left[(y_2 + d_2 - Q_2)\right]^+ + c_2 E\left[(Q_2 - y_2 - d_2)\right]^+$$

(3.9)

其中，等号右边第一项为生产成本，第二项为库存成本，第三项为缺货成本。

对式（3.9）进行积分变换得：

$$E_2(y_2) = c_1 y_2 + h \int_0^{y_2+d_2} (y_2 + d_2 - Q_2) f_2(Q_2) dQ_2 +$$

$$c_2 \int_{y_2+d_2}^{\infty} (Q_2 - y_2 - d_2) f_2(Q_2) dQ_2 \qquad (3.10)$$

联合式（3.8）和式（3.10）得两阶段的生产批量决策模型为：

$$E_{12}(y_1, y_2) = E_1(y_1) + E_2(y_2) = c_1 y_1 + h \int_0^{y_1} (y_1 - Q_1) f_1(Q_1) dQ_1 +$$

$$c_2 \int_{y_1}^{\infty} (Q_1 - y_1) f_1(Q_1) dQ_1 + c_1 y_2 + h \int_0^{y_2+d_2} (y_2 + d_2 -$$

$$Q_2) f_2(Q_2) dQ_2 + c_2 \int_{y_2+d_2}^{\infty} (Q_2 - y_2 - d_2) f_2(Q_2) dQ_2 \qquad (3.11)$$

3.3.2 模型的分析

命题2：式（3.11）存在最优生产批量 y_1^* 和 y_2^*，它们的表达式为：

$$y_1^* = F_1^{-1} \left(\frac{c_2}{h + c_2} \right) \qquad (3.12)$$

$$y_2^* = F_2^{-1} \left(\frac{c_2 - c_1}{h + c_2} \right) - y_1^* + Q_1 \qquad (3.13)$$

证明：对式（3.11）求关于第一阶段生产批量 y_1 的一阶偏导数为 0，有：

$$\frac{\partial E_{12}(y_1, y_2)}{\partial y_1} = c_1 + h \left[\int_0^{y_1} f_1(Q_1) dQ_1 \right] - c_2 \left[\int_{y_1}^{\infty} f_1(Q_1) dQ_1 \right] +$$

$$h \left[\int_0^{y_2+y_1-Q_1} f_2(Q_2) dQ_2 \right] - c_2 \left[\int_{y_2+y_1-Q_1}^{\infty} f_2(Q_2) dQ_2 \right] = 0 \qquad (3.14)$$

对式（3.11）求关于第二阶段生产批量 y_2 的一阶偏导数为 0，有：

$$\frac{\partial E_{12}(y_1, y_2)}{\partial y_2} = c_1 + h \left[\int_0^{y_2+y_1-Q_1} f_2(Q_2) dQ_2 \right] - c_2 \left[\int_{y_2+y_1-Q_1}^{\infty} f_2(Q_2) dQ_2 \right] = 0$$

$$(3.15)$$

联合式（3.14）和式（3.15）可得 y_1 为：

$$y_1 = F_1^{-1}\left(\frac{c_2}{h+c_2}\right)$$

把 y_1 代入式（3.15）可得 y_2 为：

$$y_2 = F_2^{-1}\left(\frac{c_2-c_1}{h+c_2}\right) - y_1 + Q_1$$

又因为对式（3.11）求关于 y_1 的二阶偏导数有：

$$\frac{\partial^2 E_{12}(y_1,y_2)}{\partial y_1^2} = (c_2+h)[f_1(y_1)+f_2(y_2+y_1-Q_1)]$$

对式（3.11）求关于 y_2 的二阶偏导数有：

$$\frac{\partial^2 E_{12}(y_1,y_2)}{\partial y_2^2} = (c_2+h)[f_2(y_2+y_1-Q_1)]$$

对式（3.11）求关于 y_1 和 y_2 的一阶偏导数有：

$$\frac{\partial^2 E_{12}(y_1,y_2)}{\partial y_1 \partial y_2} = \frac{\partial^2 E_{12}(y_1,y_2)}{\partial y_2 \partial y_1} = (c_2+h)[f_2(y_2+y_1-Q_1)]$$

因此，式（3.11）关于 y_1 和 y_2 的 Hessian 矩阵（海赛矩阵）为：

$$\nabla^2 E_{12}(y_1,y_2) =$$

$$\begin{bmatrix} (c_2+h)[f_1(y_1)+f_2(y_2+y_1-Q_1)] & (c_2+h)[f_2(y_2+y_1-Q_1)] \\ (c_2+h)[f_2(y_2+y_1-Q_1)] & (c_2+h)[f_2(y_2+y_1-Q_1)] \end{bmatrix}$$

因为 $(c_2+h)[f_1(y_1)+f_2(y_2+y_1-Q_1)] > 0$，

$$\begin{vmatrix} (c_2+h)[f_1(y_1)+f_2(y_2+y_1-Q_1)] & (c_2+h)[f_2(y_2+y_1-Q_1)] \\ (c_2+h)[f_2(y_2+y_1-Q_1)] & (c_2+h)[f_2(y_2+y_1-Q_1)] \end{vmatrix} =$$

$$(c_2+h)^2[f_2(y_2+y_1-Q_1)]f_1(y_1) > 0$$

所以式（3.11）关于 y_1 和 y_2 的海赛矩阵是正定的，所以式（3.11）存在极小值。这时令 $y_1^* = y_1$，$y_2^* = y_2$。命题 2 成立，证毕。

命题 2 结论：第一阶段最优生产批量与第一阶段的需求量分布函数、

缺货单位成本和超产处理单位成本相关；第二阶段最优生产批量除了与第二阶段的需求量分布函数、缺货单位成本、库存单位成本和生产单位成本相关外，还与第一阶段的随机需求量、最优生产批量相关，且随着第一阶段的随机需求量的增加而增加，随着第一阶段的最优生产批量增加而减少。

3.3.3　需求量服从均匀分布的两阶段模型分析

需求量服从均匀分布的两阶段模型分析，即 $Q_1 \sim U[a, b]$ 和 $Q_2 \sim U[c, d]$ 模型分析。

若需求量 $Q_1 \sim U[a, b]$ 则有：

$$f(Q_1) = \begin{cases} \dfrac{1}{b-a} & a \leq Q_1 \leq b \\ 0 & \text{others} \end{cases} \tag{3.16}$$

若需求量 $Q_2 \sim U[c, d]$ 则有：

$$f(Q_2) = \begin{cases} \dfrac{1}{d-c} & c \leq Q_2 \leq d \\ 0 & \text{others} \end{cases} \tag{3.17}$$

由式（3.12）可得第一阶段最优生产批量为：

$$y_1^* = F_1^{-1}\left(\frac{c_2}{h+c_2}\right) = \frac{ah + bc_2}{c_2 + h} \tag{3.18}$$

因为：

$$\frac{dy_1^*}{da} = \frac{h}{c_2 + h} > 0$$

$$\frac{dy_1^*}{db} = \frac{c_2}{c_2 + h} > 0$$

$$\frac{dy_1^*}{dh} = -\frac{c_2(b-a)}{(c_2+h)^2} < 0$$

$$\frac{dy_1^*}{dc_2} = \frac{h(b-a)}{(c_2+h)^2} > 0$$

所以，第一阶段最优生产批量随着超产处理单位成本的增加而减少，随着缺货单位成本、均匀分布参数 a 和 b 增加而增加。

把式（3.16）和式（3.18）代入式（3.8）化简可得第一阶段的成本为：

$$E_1(y_1) = \frac{[(b-a)h + 2bc_1]c_2 + 2ahc_1}{2(c_2 + h)} \quad (3.19)$$

由式（3.13）可得第二阶段最优生产批量为：

$$y_2^* = F_2^{-1}\left(\frac{c_2 - c_1}{h + c_2}\right) - y_1^* + Q_1 =$$

$$\frac{(c_2 - c_1)d + (Q_1 - b)c_2 + (c + Q_1 - a)h + cc_1}{c_2 + h} \quad (3.20)$$

因为：

$$\frac{dy_2^*}{da} = -\frac{h}{c_2 + h} < 0$$

$$\frac{dy_2^*}{db} = -\frac{c_2}{c_2 + h} < 0$$

$$\frac{dy_2^*}{dc} = \frac{h + c_1}{c_2 + h} > 0$$

$$\frac{dy_2^*}{dc_1} = -\frac{(d-c)}{c_2 + h} < 0$$

所以，第二阶段最优生产批量随着第一阶段均匀分布参数 a 和 b，以及生产单位成本的增加而减少，随着第二阶段均匀分布参数 c 增加而增加。

把式（3.17）、式（3.18）和式（3.20）代入式（3.10）化简可得第二阶段的成本为：

$$E_2(y_2) = \frac{(c-d)(c_1^2 - hc_2) + 2[(d + Q_1 - b)c_2 - h(a - c - Q_1)]c_1}{2(c_2 + h)}$$

$$(3.21)$$

由式（3.19）和式（3.21）可得两阶段的最优成本为：

$$E_{12}{}^*(y_1,y_2) =$$

$$\frac{[(b+d-c-a)h+2c_1(d+Q_1)]c_2+2\left[(c+Q_1)h+\frac{1}{2}c_1(c-d)\right]c_1}{2(c_2+h)}$$

(3.22)

3.3.4 算例

有一服装制造商预测第一季度和第二季度某一服装需求量都服从均匀分布,它们分别为 $Q_1 \sim U[10000, 20000]$,$Q_2 \sim U[30000, 60000]$,服装生产单位成本为1000元,缺货单位成本为600元,库存单位成本为1400元。问:一是若该企业分阶段决策生产批量,求对应的最优生产批量和成本;二是若该企业整体决策生产批量,求对应的最优生产批量和成本。

(1) 分阶段决策生产批量。

依题意可得: $Q_1 \sim U[10000, 20000]$,$Q_2 \sim U[30000, 60000]$,$c_1 = 1000$ 元/件,$c_2 = 1400$ 元/件,$h = 600$ 元/件。

根据3.2.4算例可知,第一阶段的最优生产批量为12000件,最优成本为 1.66×10^7 元。

把 $y_{s1}{}^* = 12000$ 件,$Q_1 \sim U[10000, 20000]$,$Q_2 \sim U[30000, 60000]$,$c_1 = 1000$ 元/件,$c_2 = 1400$ 元/件,$h = 600$ 元/件代入式(3.10)可得第二阶段成本为:

$$E_2(y_2) = \frac{1}{30}Q_1{}^2 + \frac{1}{30}(-2y_2+78000)Q_1 + \frac{1}{30}y_2{}^2 - 1600y_2 + 57000000$$

解上式可得第二阶段最优生产批量 $y_{s2}{}^* = 24000 + Q_1$ 件。这时对应的最优成本为: $1000Q_1 + 3.78 \times 10^7$ 元。所以,若该企业分阶段决策,最优生产批量为 $y_{s1}^* = 12000$ 件和 $y_{s2}^* = 24000 + Q_1$ 件,最优成本为: $E^*(y_{s1}, y_{s2}) = 1000 \times Q_1 + 5.44 \times 10^7$ 元。

(2) 整体决策生产批量。

把 $Q_1 \sim U[10000, 20000]$,$c_2 = 1400$ 元/件,$h = 600$ 元/件代入式

(3.18) 可得第一阶段最优生产批量为：

$$y_1^* = \frac{ah + bc_2}{c_2 + h} = \frac{10000 \times (600 + 2800)}{600 + 1400} = 17000 \text{（件）}$$

把 $Q_1 \sim U[10000, 20000]$，$Q_2 \sim U[30000, 60000]$，$c_1 = 1000$ 元/件，$c_2 = 1400$ 元/件，$h = 600$ 元/件代入式（3.20）可得第二阶段最优生产批量为：

$$y_2^* = \frac{(c_2 - c_1)d + (Q_1 - b)c_2 + (c + Q_1 - a)h + cc_1}{c_2 + h} =$$

$$\frac{(1400 - 1000) \times 60000 + (Q_1 - 20000) \times 1400 + (30000 + Q_1 - 10000) \times 600 + 30000 \times 1000}{1400 + 600}$$

$$= 19000 + Q_1 \text{件}$$

把 $Q_1 \sim U[10000, 20000]$，$Q_2 \sim U[30000, 60000]$，$c_1 = 1000$ 元/件，$c_2 = 1400$ 元/件，$h = 600$ 元/件代入式（3.22）可得两阶段最优成本为：

$$E^*(y_1, y_2) = 1000 \times Q_1 + 5.19 \times 10^7 \text{元}$$

因为 $E^*(y_{s1}, y_{s2}) - E^*(y_1, y_2) = 0.25 \times 10^7$ 元，所以整体决策可以优化 0.25×10^7 元。

为了进一步弄清整体决策中成本与生产批量的关系，我们设 $Q_1 = 15000$ 件。这时把 $Q_1 \sim U[10000, 20000]$，$Q_2 \sim U[30000, 60000]$，$c_1 = 1000$ 元/件，$c_2 = 1400$ 元/件，$Q_1 = 15000$ 件和 $h = 600$ 元/件代入式（3.11）可得两阶段成本为：

$$E_{12}(y_1, y_2) = \frac{2}{15}y_1^2 + \frac{1}{30}(2y_2 - 204000)y_1 + \frac{1}{30}y_2^2 - 3400y_2 + 182500000$$

对上式做成本与生产批量的关系图，如图 3-2 所示。最优的生产批量为 $y_1^* = 17000$ 件和 $y_2^* = 34000$ 件，对应最优成本为 6.69×10^7 元。

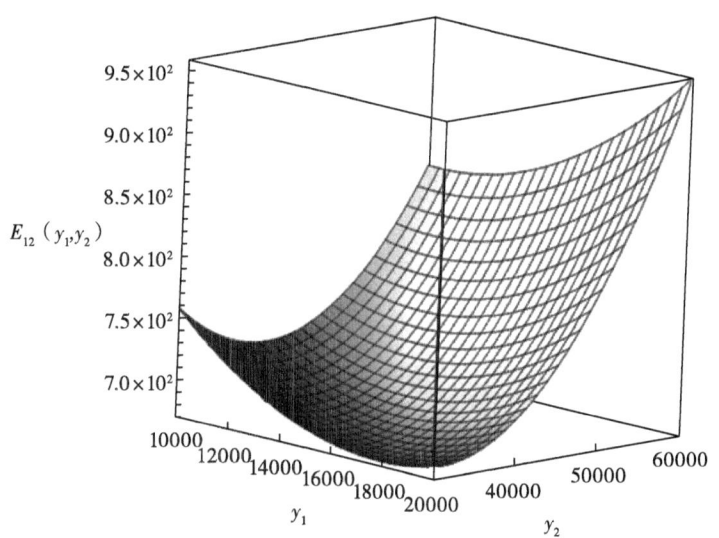

图 3-2 $E_{12}(y_1, y_2)$ 与 y_1, y_2 关系

3.4 多阶段单产品生产批量模型

条件假设：①不允许缺货；

②初期、末期的库存量为 0。

模型参数及说明：

T = 计划期的时间长度；

y_t = 产品在第 t 阶段的生产数量；

d_t = 第 t 阶段初产品库存量；

D = 最大库存量；

$Z_t = 0,1$ 为决策变量，表示如果产品在第 t 阶段进行生产则值为 1，否则值为 0；

Q_t = 在第 t 阶段产品的需求量；

c_t = 在第 t 阶段产品的单位生产成本；

S_t = 在第 t 阶段产品的准备费用；

h_t = 第 t 阶段初产品的库存成本;

M_t = 在第 t 阶段产品的生产上限。

3.4.1 模型的建立

建立多阶段生产批量决策模型：

$$Z = \sum_{t=1}^{T}(S_t Z_t + c_t y_t + h_t d_t) \quad (3.23)$$

条件：

$$y_t + d_t - d_{t+1} = Q_t \quad t=1,2,\cdots,T \quad (3.24)$$

$$y_t \leq M_t Z_t \quad t=1,2,\cdots,T \quad (3.25)$$

$$Z_t \in \{0,1\} \quad t=1,2,\cdots,T \quad (3.26)$$

其中，式（3.23）为目标函数，表示总费用包括生产准备费用、生产成本及库存成本；约束式（3.24）表示物流守恒方程，即 t 期的生产量与 t 期期初的库存量之和减去 $t+1$ 期期初的库存量等于 t 期的需求量；约束式（3.25）表示当需要生产时，生产量不能超过最大生产上限；约束式（3.26）中1表示生产，0表示不生产。

3.4.2 模型的分析

为解以上线性规划，本书采用动态规划：

$$\begin{cases} f_t(d_t) = \min[S_t Z_t + c_t y_t + h_t d_t + f_{t+1}(y_t + d_t - Q_t)] \\ f_{T+1}(d_{T+1}) = 0 \end{cases} \quad (3.27)$$

其中：t 为阶段，$t=T,T-1,\cdots 1$；d_t 表示产品第 t 个阶段初的库存量，它是状态变量；y_t 表示产品第 t 个阶段的生产量，它是决策变量；$d_{t+1} = y_t + d_t - Q_t$ 表示产品第 $t+1$ 个阶段初的库存量，它是状态转移方程；$f_t(d_t)$ 为最优指标函数，它表示产品第 t 个阶段状态为 d_t 时，采用最优的策略生产，从本阶段到计划结束的总费用最低。

根据最大库存量为 D，库存量不超过需求量以及库存量加最大生产量不会超过需求量可知，状态集合为：

$$0 \leq d_t \leq \min[D, \sum_{j=t}^{T} Q_j, \sum_{j=1}^{t-1}(M_t - Q_t)] \quad (3.28)$$

当在第 t 阶段时,库存量为 d_t,则 y_t 生产量必须满足生产量加库存量大于等于需求量,这样才能满足顾客的要求,即 $y_t + d_t \geq Q_t$。移项得:$y_t \geq Q_t - d_t$ 以及 y_t 本身要大于等于零,所以得到生产量的下限约束条件为 $\max(0, Q_t - d_t)$。

为了保证第 T 阶段末库存量为零则应有:$y_t + d_t \leq \sum_{j=t}^{T} Q_j$,移项得 $y_t \leq \sum_{j=t}^{T} Q_j - d_t$,同时受到最大库存量限制有:$y_t + d_t - Q_t \leq D$,移项则应该有:$y_t \leq D + Q_t - d_t$,最后还要求 y_t 小于等于最大生产量 M。所以 y_t 允许决策集合为:

$$\max(0, Q_t - d_t) \leq y_t \leq \min(M_t, \sum_{j=t}^{T} Q_j - d_t, D + Q_t - d_t) \quad (3.29)$$

算法步骤:

(1)初始化:

①输入阶段数 T,产品各阶段库存量 d_t,需求量 Q_t 和准备费用 S_t;

②$f_{T+1}(d_{T+1}) = 0$,$d_{T+1} = 0$,$Q_{T+1} = 0$,$S_{T+1} = 0$。

(2)利用公式(3.28),求状态集合 d_t。

(3)利用公式(3.29),求决策集合 y_t。

(4)利用公式(3.27),求每一个允许决策 y_t 的目标函数:$f_t(d_t)$。

(5)对目标函数进行排序,得出最小的 $f_t^*(d_t)$ 以及对应的 d_t^* 和 y_t^*。

(6)若 $t=0$,由 $f_0^*(d_0)$ 得到对应生产批量 y_0^*,利用公式 $y_t + d_t - Q_t$,逆推得到每一阶段的生产批量,结束;若 $t = t-1$,则转向步骤2。

3.4.3 算例

某企业产品 A 半年的需求情况如表 3-1 所示。各阶段产品 A 的生产成本、准备费用、生产上限相同,分别是:$c_t = 1000$ 元,$S_t = 3000$ 元,$h_t = 500$ 元,$M_t = 6$ 千克。

表3－1　产品A的需求情况

t（月）	1	2	3	4	5	6
Q_t（千克）	1	2	3	4	5	6

根据生产批量动态规划算法，在 VC＋＋环境下编写的代码见附录1。仿真过程如图3－3所示（仿真过程中分模块得出每一阶段的最优产量。其中每个模块中有多个 min，选择哪一个取决于初始库存。例如，如果初始库存为0，则选择第一行的 min，如果初始库存为1，则选择第二行，如此类推）。由图3－3可知：总最低费用为37（千元），第一个月最佳产量为3千克（因为在最后模块中第一行中37的前面是3）。因为第一个月的需求量为1千克，所以第二个月的初始库存为2千克。

因为第二个月的初始库存量为3千克－1千克＝2千克，所以最低费用为31（千元），第二个月最佳产量为0千克（因为在倒数第二个模块的第三行中31的前面是0）。

因为第三个月的初始库存量为2千克－2千克＝0千克，所以最低费用为30（千元），第三个月最佳产量为3千克（因为在倒数第三个模块的第一行中30的前面是3）。

因为第四个月的初始库存量为3千克－3千克＝0千克，所以最低费用为24（千元），第四个月最佳产量为4千克（因为在倒数第四个模块的第一行中24的前面是4）。

因为第五个月的初始库存量为4千克－4千克＝0千克，所以最低费用为17（千元），第五个月最佳产量为5千克（因为在倒数第五个模块的第一行中17的前面是5）。

最后，由于需求是6千克，所以产量为6千克。

所以有：最小费用为3.7万元（37千元），对应每个月的生产批量为：第一个月为：3千克；第二个月为：0千克；第三个月为：3千克；第四个月为4千克；第五个月为：5千克；第六个月为：6千克。

请输入阶段数6
请输入各阶段库存量数0 1 2 3 4 5
请输入各阶段需求量量数1 2 3 4 5 6
得到库存量的费用0 0.5 1 1.5 2 2.5
6 5 4 3 2 1
9 8.5 8 7.5 7 6.5

5 17   6 17.5   min=17
4 16.5   5 17   6 17.5   min=16.5
3 16   4 16.5   5 17   6 17.5   min=16
2 15.5   3 16   4 16.5   5 17 16   min=15.5
1 15   2 15.5   3 16   4 16.5   min=15
0 11.5   1 15   2 15.5   3 16   min=11.5

4 24   5 24.5   6 25   min=24
3 23.5   4 24   5 24.5   6 25   min=23.5
2 23   3 23.5   4 24   5 24.5   min=23
1 22.5   2 23   3 23.5   4 24   min=22.5
0 19   1 22..5   2 23   3 23.5   min=19
0 19   1 22.5   2 23   min=19

3 30   4 30.5   5 31   6 31.5   min=30
2 29.5   3 30   4 30.5   5 31   min=29.5
1 29   2 29.5   3 30   4 30.5   min=29
0 25.5   1 29   2 29.5   3 30   min=25.5
0 25.5   1 29   2 29.5   min=25.5
0 25.5   1 29   min=25.5

2 35   3 35.5   4 36   5 33.5   min=33.5
1 34.5   2 35   3 35.5   4 33   min=33
0 31   1 34.5   2 35   3 32.5   min=31
0 31   1 34.5   2 32   min=31
0 31   1 34.5   min=31
0 28   min=28

1 37.5   2 38   3 37   4 38   min=37
0 34   1 37.5   2 36.5   3 37.5   min=34
0 34   1 36   2 37   min=34
0 32.5   1 36.5   min=32.5
0 33   min=33
min=33

由于最后只有S[0],所以最后一块第一行就是最少费用等于37Press any key to continue

图 3－3　生产批量动态规划仿真

3.5　多阶段多产品生产批量模型

3.5.1　模型的建立

在多阶段生产批量的基础上增加每一阶段生产多种产品。设 N 为产品数，i 为第 i 种产品，那么建立多阶段多产品生产批量模型为：

$$Z_N = \sum_{i=1}^{N}\sum_{t=1}^{T}(S_{it}Z_{it} + c_{it}y_{it} + h_{it}d_{it}) \tag{3.30}$$

条件：

$$y_{it} + d_{it} - d_{it+1} = Q_{it} \quad i=1,2,\cdots,N;\quad t=1,2,\cdots,T \tag{3.31}$$

$$y_{it} \leq M_{it}Z_{it} \quad i=1,2,\cdots,N;\quad t=1,2,\cdots,T \tag{3.32}$$

$$Z_{it} \in \{0,1\} \quad i=1,2,\cdots,N;\quad t=1,2,\cdots,T \tag{3.33}$$

3.5.2 模型的分析

式（3.30）对应的动态规划基本方程为：

$$\begin{cases} \sum_{i=1}^{N} f_t(d_{it}) = \min \sum_{i=1}^{N}[S_{it}Z_{it} + c_{it}y_{it} + h_{it}d_{it} + f_{t+1}(y_{it} + d_{it} - Q_{it})] \\ \sum_{i=1}^{N} f_{T+1}(d_{iT+1}) = 0 \end{cases}$$

$$\tag{3.34}$$

状态集合为：

$$0 \leq d_{it} \leq \min[D_i, \sum_{j=t}^{T} Q_{it}, \sum_{j=1}^{t-1}(M_{it} - Q_{it})] \tag{3.35}$$

允许决策集合为：

$$\max(0, Q_{it} - d_{it}) \leq y_{it} \leq \min(M_{it}, \sum_{j=t}^{T} Q_{ij} - d_{it}, Q_{it} - d_{it} + D_{it})$$

$$\tag{3.36}$$

算法：

（1）初始化：

①输入阶段数 $t=T$，产品数 N，各产品各阶段库存量 d_{it}，需求量 Q_{it} 和准备费用 S_{it}；

② $\sum_{i=1}^{N} f_{T+1}(d_{iT+1}) = 0$，$d_{iT+1}=0$，$Q_{iT+1}=0$，$S_{iT+1}=0$。

（2）利用公式（3.35），求状态集合 d_{it}。

（3）利用公式（3.36），求决策集合 y_{it}。

(4) 利用公式（3.34），求每一个允许决策 y_{it} 的目标函数：$\sum_{i=1}^{N} f_t(d_{it})$。

(5) 对目标函数进行排序，得出最小的 $\sum_{i=1}^{N} f_t^*(d_{it})$ 以及对应的 d_{it}^* 和 y_{it}^*。

(6) 若 $t = 0$，由 $\sum_{i=1}^{N} f_0^*(d_{i0})$ 得到对应生产批量 y_{i0}^*，利用公式 $y_{it} + d_{it} - Q_{it}$，逆推得到每一阶段的生产批量，结束；若 $t = t - 1$，则转向步骤2。

3.6 本章小结

在单阶段生产批量决策中，考虑需求的不确定性，构建的生产批量决策模型存在最优生产批量能使得企业的期望成本最小化。通过均匀分布和数值敏感性分析可知：最优生产批量随着生产单位成本和库存单位成本的增加而减少，随着缺货单位成本的增加而增加。

在两阶段生产批量决策中，在单阶段的基础上，构建的两阶段生产批量决策模型同样存在最优生产批量能使得企业的期望成本最小化。通过均匀分布和数值敏感性分析可知：第一阶段最优生产批量随着库存单位成本的增加而减少，随着缺货单位成本、均匀分布均值的增加而增加，与生产单位成本不相关；第二阶段最优生产批量随着第一阶段均匀分布均值、生产单位成本的增加而减少，随着缺货单位成本、库存单位成本、第二阶段均匀分布均值的增加而增加。同时，通过算例可知：整体决策生产批量得到的最优期望成本小于分阶段决策生产批量得到的最优期望成本。这表明，企业在作两阶段生产批量计划时，要整体优化才能有效地做出决策。

在多阶段单产品或多产品生产批量决策中，难以通过传统的数学分析求解得到多阶段最优生产批量。所以本书结合多阶段决策模型的特点，构造了等价的动态规划模型,设计了对应的动态规划算法,很好地求解得到了多阶段最优生产批量。在建立多阶段生产批量决策模型中,考虑需求是确定性的。实际上,需求有时是难以确定的。所以考虑需求不确定情况下的多阶段生产批量决策将是未来研究的内容。

第4章 不确定产出投产量决策

4.1 引言

本章和第3章为单个企业生产批量决策研究，一起构成第5章至第7章的理论基础和方法，第4章是在第3章生产批量决策的基础上考虑了产出产品存在不合格率进行的投产量决策问题研究，也就是投产量指的是考虑了产出产品有不合格的生产批量。第5章至第7章是在第3章和第4章的理论和方法基础上探讨基于供应链视角的订单生产式企业投产量决策问题。

在以客户为中心的市场经济中，众多企业采取了订单式生产。订单式生产企业按照客户的需求量安排生产，由于生产过程受外部和内部各种因素的影响，产出合格的产品数具有不确定性。因此，企业经常出现欠产再投产和超产积压的现象。面对产出不确定，确定一个合理的计划投产量成为国内外学者研究的焦点。

本章提出以投产期望成本（包括超产期望成本和欠产期望成本）为决策目标，以投产量为决策变量的模型。在此基础上，首先建立了产品不合格率连续随机分布投产模型，通过分析可知，模型存在最优投产量，且给出了最优投产量满足的方程。接着，考虑一些不合格率概率密度函数数学表达式过于复杂，不能通过传统的数学分析求解，建立了产品不合格离散随机分布投产模型，结合模型的特点，设计了步长—比较算法来求解模型。最后，根据"学习曲线"原理，随着产品投产量的增加，工人可以通过学习不断地降低产品不合格率，据此建立了基于"学习曲线"理论的投产量决策模型。

4.2 一般模型

模型参数及说明：

Q = 需求量；

C_q = 欠产再投产单位成本；

S = 欠产再投产准备费用；

C_g = 超产处理单位成本；

C_r = 产品不合格单位处理成本；

P = 投产量；

P^* = 最优投产量；

r = 产品不合格率；

r_c = 产品连续随机分布不合格率，$f(r_c)$ 和 $F(r_c)$ 分别为 r_c 的概率密度函数和概率分布函数；

r_{dj} = 产品离散随机分布不合格率，$\rho_{r_{dj}}$ 为 r_{dj} 的概率。

考虑产出产品不合格率不确定，建立一般投产量决策模型为：

$$E(P) = W(P) + S(P) \tag{4.1}$$

其中，

$$W(P) = E[C_g[P(1-r) - Q] + C_r P r]$$
$$\text{s.t.} \quad P(1-r) \geqslant Q \tag{4.2}$$

$$S(P) = E[C_q[Q - P(1-r)] + C_r P r + S]$$
$$\text{s.t.} \quad P(1-r) < Q \tag{4.3}$$

其中，$W(P)$ 为超产期望成本：超产处理成本 + 不合格品成本，$S(P)$ 为欠产期望成本：欠产成本 + 不合格品成本 + 准备成本。

4.3 连续随机分布投产模型

根据一般投产模型式（4.1），建立产品不合格率连续随机分布投产模型：

$$E_c(P) = \int_a^{\frac{P-Q}{P}} \{C_g[P(1-r_c)-Q] + C_r P r_c\} f(r_c) \mathrm{d}r_c +$$

$$\int_{\frac{P-Q}{P}}^b \{C_q[Q - P(1-r_c)] + C_r P r_c + S\} f(r_c) \mathrm{d}r_c \quad (4.4)$$

4.3.1 模型分析

命题1：若 $f(r_c)$ 为不增连续可导函数，那么式（4.4）存在着最优投产量 P^*，并且 P^* 满足以下方程：

$$\int_a^{\frac{P-Q}{P}} [C_g(1-r_c) + C_r r_c] f(r_c) \mathrm{d}r_c + \int_{\frac{P-Q}{P}}^b [C_q(r_c - 1) + C_r r_c] f(r_c) \mathrm{d}r_c -$$

$$\frac{QS}{(P)^2} f\left(\frac{P-Q}{P}\right) = 0 \quad (4.5)$$

证明：设 $H_1(P) = \int_a^{\frac{P-Q}{P}} C_g(P-Q) f(r_c) \mathrm{d}r_c$，

$H_2(P) = \int_a^{\frac{P-Q}{P}} (C_r - C_g) P r_c f(r_c) \mathrm{d}r_c$，$H_3(P) = \int_{\frac{P-Q}{P}}^b C_q(Q-P) f(r_c) \mathrm{d}r_c$，

$H_4(P) = \int_{\frac{P-Q}{P}}^b (C_r + C_q) P r_c f(r_c) \mathrm{d}r_c$，

$H_5(P) = \int_{\frac{P-Q}{P}}^b S f(r_c) \mathrm{d}r_c$，$\dfrac{\mathrm{d}DF(x)}{\mathrm{d}x} = F(x)$，$D(f)(x) = \dfrac{\mathrm{d}f(x)}{\mathrm{d}x}$。

因为：

$$H_1(P) = \int_a^{\frac{P-Q}{P}} C_g(P-Q) f(r_c) \mathrm{d}r_c = C_g(P-Q)\left[F\left(\frac{P-Q}{P}\right) - F(a)\right] \Rightarrow$$

$$\frac{\mathrm{d}H_1(P)}{\mathrm{d}P} = C_g\left[F\left(\frac{P-Q}{P}\right) - F(a)\right] + C_g(P-Q) f\left(\frac{P-Q}{P}\right)\frac{Q}{P^2} =$$

$$\int_a^{\frac{P-Q}{P}} C_g f(r_c) \mathrm{d}r_c + C_g(P-Q) f\left(\frac{P-Q}{P}\right)\frac{Q}{P^2}$$

$$H_2(P) = \int_a^{\frac{P-Q}{P}} (C_r - C_g) P r_c f(r_c) \mathrm{d}r_c =$$

$$(C_r - C_g) P \left[F\left(\frac{P-Q}{P}\right)\frac{P-Q}{P} - F(a)a - DF\left(\frac{P-Q}{P}\right) + DF(a) \right] \Rightarrow$$

$$\frac{\mathrm{d}H_2(P)}{\mathrm{d}P} = (C_r - C_g)\left[F\left(\frac{P-Q}{P}\right)\frac{P-Q}{P} - F(a)a - DF\left(\frac{P-Q}{P}\right) + DF(a) \right] +$$

$$(C_r - C_g)(P - Q)f\left(\frac{P-Q}{P}\right)\frac{Q}{P^2} = \int_a^{\frac{P-Q}{P}} (C_r - C_g) r_c f(r_c) \mathrm{d}r_c +$$

$$(C_r - C_g)(P - Q)f\left(\frac{P-Q}{P}\right)\frac{Q}{P^2}$$

同理得：

$$\frac{\mathrm{d}H_3(P)}{\mathrm{d}P} = -C_q\left[F(b) - F\left(\frac{P-Q}{P}\right) \right] - C_q(Q - P)f\left(\frac{P-Q}{P}\right)\frac{Q}{P^2} =$$

$$-\int_{\frac{P-Q}{P}}^b C_q f(r_c) \mathrm{d}r_c - C_q(Q - P)f\left(\frac{P-Q}{P}\right)\frac{Q}{P^2} \quad \frac{\mathrm{d}H_4(P)}{\mathrm{d}P} =$$

$$(C_r + C_q)\left[F(b)b - F\left(\frac{P-Q}{P}\right)\frac{P-Q}{P} - DF(b) + DF\left(\frac{P-Q}{P}\right) \right] -$$

$$(C_r + C_q)(P - Q)f\left(\frac{P-Q}{P}\right)\frac{Q}{P^2} = \int_{\frac{P-Q}{P}}^b (C_r + C_q) r_c f(r_c) \mathrm{d}r_c -$$

$$(C_r + C_q)(P - Q)f\left(\frac{P-Q}{P}\right)\frac{Q}{P^2} \quad H_5(P) = \int_{\frac{P-Q}{P}}^b S f(r_c) \mathrm{d}r_c = S\left[F(b) - F\left(\frac{P-Q}{P}\right) \right] \Rightarrow$$

$$\frac{\mathrm{d}H_5(P)}{\mathrm{d}P} = -\frac{QS}{P^2}f\left(\frac{P-Q}{P}\right)$$

所以有：

$$\frac{\mathrm{d}E_c(P)}{\mathrm{d}P} = \frac{\mathrm{d}H_1(P)}{\mathrm{d}P} + \frac{\mathrm{d}H_2(P)}{\mathrm{d}P} + \frac{\mathrm{d}H_3(P)}{\mathrm{d}P} + \frac{\mathrm{d}H_4(P)}{\mathrm{d}P} + \frac{\mathrm{d}H_5(P)}{\mathrm{d}P} =$$

$$\int_a^{\frac{P-Q}{P}} [C_g(1 - r_c) + C_r r_c] f(r_c) \mathrm{d}r_c + \int_{\frac{P-Q}{P}}^b [C_q(r_c - 1) + C_r r_c] f(r_c) \mathrm{d}r_c - \frac{QS}{P^2}f\left(\frac{P-Q}{P}\right)$$

又设：$H_{11}(P) = \int_a^{\frac{P-Q}{P}} C_g f(r_c) \mathrm{d}r_c$，$H_{12}(P) = \int_a^{\frac{P-Q}{P}} (C_r - C_g) r_c f(r_c) \mathrm{d}r_c$，

$H_{13}(P) = -\int_{\frac{P-Q}{P}}^b C_q f(r_c) \mathrm{d}r_c$，$H_{14}(P) = \int_{\frac{P-Q}{P}}^b (C_q + C_r) r_c f(r_c) \mathrm{d}r_c$，

$$H_{15}(P) = -\frac{QS}{P^2}f\left(\frac{P-Q}{P}\right)。$$

因为:

$$H_{11}(P) = \int_a^{\frac{P-Q}{P}} C_g f(r_c)\mathrm{d}r_c = C_g\left[F\left(\frac{P-Q}{P}\right) - F(a)\right] \Rightarrow \frac{\mathrm{d}H_{11}(P)}{\mathrm{d}P} = C_g f\left(\frac{P-Q}{P}\right)\frac{Q}{P^2}$$

$$H_{12}(P) = \int_a^{\frac{P-Q}{P}} (C_r - C_g) r_c f(r_c)\mathrm{d}r_c = (C_r - C_g)\begin{bmatrix} F\left(\frac{P-Q}{P}\right)\frac{P-Q}{P} - F(a)a - \\ DF\left(\frac{P-Q}{P}\right) + DF(a) \end{bmatrix} \Rightarrow$$

$$\frac{\mathrm{d}H_{12}(P)}{\mathrm{d}P} = (C_r - C_g)(P - Q)f\left(\frac{P-Q}{P}\right)\frac{Q}{P^3}$$

同理得:

$$\frac{\mathrm{d}H_{13}(P)}{\mathrm{d}P} = C_q f\left(\frac{P-Q}{P}\right)\frac{Q}{P^2}$$

$$\frac{\mathrm{d}H_{14}(P)}{\mathrm{d}P} = (C_r + C_q)(Q - P)f\left(\frac{P-Q}{P}\right)\frac{Q}{P^3}$$

$$\frac{\mathrm{d}H_{15}(P)}{\mathrm{d}P} = \frac{2QSf\left(\frac{P-Q}{P}\right)}{P^3} - \frac{SQ^2 D(f)\left(\frac{P-Q}{P}\right)}{P^4}。$$

所以有:

$$\frac{\mathrm{d}^2 E_c(P)}{\mathrm{d}P^2} = \frac{\mathrm{d}H_{11}(P)}{\mathrm{d}P} + \frac{\mathrm{d}H_{12}(P)}{\mathrm{d}P} + \frac{\mathrm{d}H_{13}(P)}{\mathrm{d}P} + \frac{\mathrm{d}H_{14}(P)}{\mathrm{d}P} + \frac{\mathrm{d}H_{15}(P)}{\mathrm{d}P}$$

$$= \frac{Q\left\{[Q(C_g + C_q) + 2S]Pf\left(\frac{P-Q}{P}\right) - SQD(f)\left(\frac{P-Q}{P}\right)\right\}}{P^4}$$

根据命题 1 的假设, $f(r_c)$ 为不增连续函数有 $D(f)\left(\frac{P-Q}{P}\right) \leq 0$, 所以 $\mathrm{d}^2 E_c(P)/\mathrm{d}P^2 > 0$。那么满足式 (4.5) 的 P 为 $E_c(P)$ 的极值点。又易知 $E_c(P)$ 连续可导 ($f(r_c)$ 为连续可导), 所以命题 1 成立, 证毕。

4.3.2 产品不合格率服从均匀分布投产模型分析

若产品不合格率 $r_c \sim U[a, b]$,则有:

$$f(r_c) = \begin{cases} \dfrac{1}{b-a} & a \leqslant r_c \leqslant b \\ 0 & others \end{cases} \quad (4.6)$$

由命题 1 可知:

$$\frac{1}{2}\frac{(C_r - C_g)\left(\left(1-\frac{Q}{P}\right)^2 - a^2\right)}{b-a} + \frac{(PC_r - PC_g)\left(1-\frac{Q}{P}\right)Q}{(b-a)P^2} + \frac{C_g\left(1-\frac{Q}{P}-a\right)}{b-a} +$$

$$\frac{C_g(P-Q)Q}{(b-a)P^2} + \frac{1}{2}\frac{(C_q + C_r)\left(b^2 - \left(1-\frac{Q}{P}\right)^2\right)}{b-a} - \frac{(PC_q + PC_r)\left(1-\frac{Q}{P}\right)Q}{(b-a)P^2} -$$

$$\frac{C_q\left(b-1+\frac{Q}{P}\right)}{b-a} - \frac{(C_q(Q-P)+S)Q}{(b-a)P^2} = 0$$

对上式化简有:

$$\frac{1}{2}\frac{(a^2C_r - b^2C_r - (a-1)^2C_g - (b-1)^2C_q)P^2 + Q(QC_g + QC_q + 2S)}{P^2(a-b)} = 0$$

解 P 得:

$$\left\{ \frac{\sqrt{[(b^2C_r + (a-1)^2C_g + (b-1)^2C_q - a^2C_r)]Q(QC_g + QC_q + 2S)}}{b^2C_r + (a-1)^2C_g + (b-1)^2C_q - a^2C_r}, \right.$$
$$\left. -\frac{\sqrt{[(b^2C_r + (a-1)^2C_g + (b-1)^2C_q - a^2C_r)]Q(QC_g + QC_q + 2S)}}{b^2C_r + (a-1)^2C_g + (b-1)^2C_q - a^2C_r} \right\}$$

因为 $P > 0$,所以有:

$$P^* = \frac{\sqrt{[(b^2C_r + (a-1)^2C_g + (b-1)^2C_q - a^2C_r)]Q(QC_g + QC_q + 2S)}}{b^2C_r + (a-1)^2C_g + (b-1)^2C_q - a^2C_r}$$

(4.7)

因为:

$$\frac{\mathrm{d}P^*}{\mathrm{d}Q} = \frac{QC_g + QC_q + S}{\sqrt{[(b^2C_r + (a-1)^2C_g + (b-1)^2C_q - a^2C_r)]Q(QC_g + QC_q + 2S)}} > 0$$

$$\frac{\mathrm{d}P^*}{\mathrm{d}S} =$$

$$\frac{Q}{\sqrt{[(b^2C_r + (a-1)^2C_g + (b-1)^2C_q - a^2C_r)]Q(QC_g + QC_q + 2S)}} > 0$$

$$\frac{\mathrm{d}P^*}{\mathrm{d}C_r} =$$

$$\frac{(a+b)((C_g + C_q)Q + 2S)(a-b)}{\sqrt{[(b^2C_r + (a-1)^2C_g + (b-1)^2C_q - a^2C_r)]Q(QC_g + QC_q + 2S)}(2(a-1)^2C_g + 2(b-1)^2C_q + 2(b^2 - a^2)C_r)} < 0$$

所以，最优投产量随着需求量和欠产再投产准备费用的增加而增加，随着产品不合格单位处理成本增加而减少。

4.3.3 不合格率敏感性分析

令 $Q = 1000$, $C_r = 100$, $C_g = 260$, $C_q = 180$, $S = 20000$ 和 $r_c \sim U[a, 0.15]$。

把 $Q = 1000$, $C_r = 100$, $C_g = 260$, $C_q = 180$, $S = 20000$ 和 $r_c \sim U[a, 0.15]$ 代入式（4.4），化简可得：

$$E_c(P) = \frac{(260a - 196.15 - 80a^2)P^2 + (4.3 \times 10^5 - 2.6 \times 10^5 a)P - 2.4 \times 10^8}{P(a - 0.15)}$$

(4.8)

把 $Q = 1000$, $C_r = 100$, $C_g = 260$, $C_q = 180$, $S = 20000$ 和 $r_c \sim U[a, 0.15]$ 代入式（4.7），化简可得：

$$P^* = \frac{1.2 \times 10^5}{\sqrt{4800a^2 - 15600a + 11769}} \tag{4.9}$$

根据式（4.9）可作最优投产量与不合格率均匀分布参数 a 的关系图，如图 4-1 所示。从图 4-1 可知：最优投产量随着不合格率均匀分布参数

a 的增加而增加。

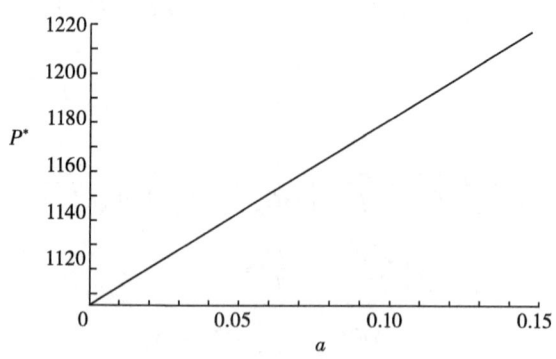

图 4-1　P^* 与 a 的关系

把 P^* 代入式（4.8），可作最优投产期望成本与不合格率均匀分布参数 a 的关系图，如图 4-2 所示。从图 4-2 可知：最优投产期望成本随着不合格率均匀分布参数 a 的增加而减少。

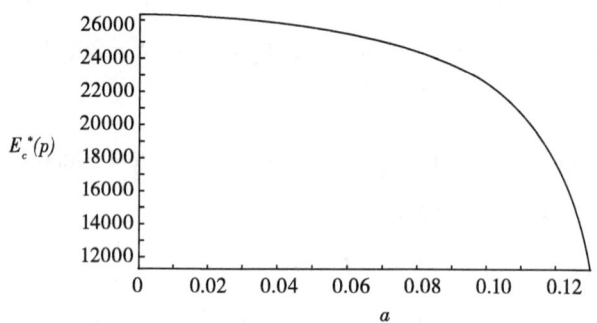

图 4-2　$E_c^*(P)$ 与 a 的关系

令 $Q=1000$，$C_r=100$，$C_g=260$，$C_q=180$，$S=20000$ 和 $r_c \sim U[0, b]$。

把 $Q=1000$，$C_r=100$，$C_g=260$，$C_q=180$，$S=20000$ 和 $r_c \sim U[0, b]$ 代入式（4.4），化简可得：

$$E_c(P) = \frac{240000000 + (140b^2 - 180b + 220)P^2 + (200000b - 460000)P}{Pb}$$

(4.10)

把 $Q=1000$，$C_r=100$，$C_g=260$，$C_q=180$，$S=20000$ 和 $r_c \sim U[0,$

b] 代入式 (4.7), 化简可得:

$$P^* = \frac{6000}{\sqrt{21b^2 - 27b + 33}} \qquad (4.11)$$

根据式 (4.11) 可作最优投产量与不合格率均匀分布参数 b 的关系图, 如图 4-3 所示。从图 4-3 可知: 最优投产量随着不合格率均匀分布参数 b 的增加先增加后减少。把 P^* 代入式 (4.10), 可作最优投产期望成本与不合格率均匀分布参数 b 的关系图, 如图 4-4 所示。从图 4-4 可知: 最优投产期望成本随着不合格率均匀分布参数 b 的增加而增加。

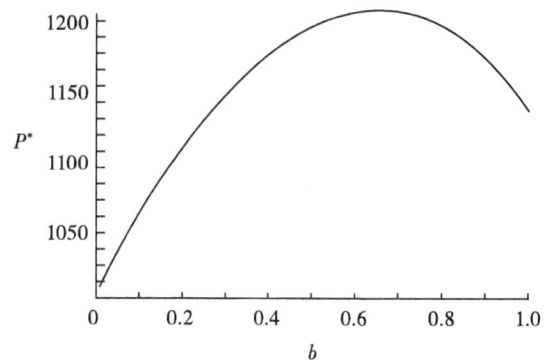

图 4-3　P^* 与 b 的关系

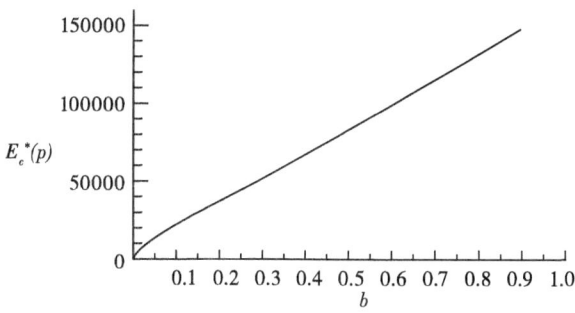

图 4-4　$E_c^*(P)$ 与 b 的关系

4.3.4　算例

某铝业有限公司, 其中有一产品, 超产单位成本为每千克 230 元, 欠产再投产的单位成本为每千克 200 元,不合格产品处理单位成本为每千克 120 元,再次投产的准备费用每次为 3500 元。

通过历史数据统计,预计产品不合格率服从均匀分布,其范围在 [0, 20%] 之间。问,当需求量为 1000 千克时,最优的计划投产量是多少才能使得投产期望成本最小?

依题意有:$Q = 1000$ 千克,$C_r = 120$ 元/千克,$C_g = 230$ 元/千克,$C_q = 200$ 元/kg,$S = 3500$ 元/次和 $r_c \sim U[0, 0.2]$。把以上参数代入式(4.4),化简可得:

$$E_c(P) = \frac{907P^2 - 1.964 \times 10^6 P + 1.0925 \times 10^9}{P} \quad (4.12)$$

根据式(4.12)可作投产期望成本与投产量的关系图,如图 4-5 所示。从图 4-5 可知:投产期望成本随着投产量的增加先减少后增加,存在最小值。

把 $Q = 1000$ 千克,$C_r = 120$ 元/千克,$C_g = 230$ 元/千克,$C_q = 200$ 元/千克,$S = 3500$ 元/次和 $r_c \sim U[0, 0.2]$ 代入式(4.7),化简可得最优计划投产量为:

$$P^* = \frac{\sqrt{[(0.2^2 \times 120 + 230 + (0.2-1)^2 \times 200)]1000 \times (1000 \times 230 + 1000 \times 200 + 2 \times 1000)}}{0.2^2 \times 120 + 230 + (0.2-1)^2 \times 200}$$

$$= 1097.5 (千克)$$

把 $P^* = 1097.5$ 千克代入式(4.12)可得最优投产期望成本为:26876.7 元。

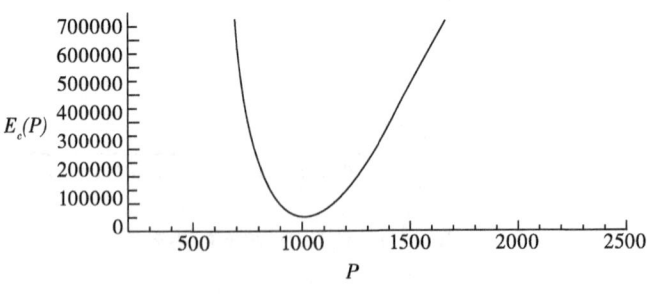

图 4-5 $E_c(P)$ 与 P 的关系

由命题 1 可知,最优投产量可以利用式(4.5)求得。但是,当不合格率概率密度函数的数学表达式过于复杂时，最优投产量将难以计算。然而，我们通过样本统计可以较容易得出不合格率离散随机分布。因此，我们将建立离散随机分布的投产量模型。

4.4 离散随机分布投产模型

根据一般投产模型（4.1），建立产品不合格率离散随机分布投产决策模型：

$$E_d(P) = \sum_{j=1}^{m}{}_{P(1-r_{dj}) \geq Q}\{C_g[P(1-r_{dj})-Q]+C_r P r_{dj}\}\rho_{r_{dj}} + \\ \sum_{j=1}^{m}{}_{P(1-r_{dj}) < Q}\{C_q[Q-P(1-r_{dj})]+C_r P r_{dj}+S\}\rho_{r_{dj}} \quad (4.13)$$

4.4.1 模型求解

对于离散随机分布的式（4.13）不能通过数学分析法求解，所以本书通过"步长—比较"算法求解最优投产量 P^*。

算法如下：

（1）初始化：$P = l$（投产量下限），$E_d(P^*) = A$（A 为足够大的正数）。

（2）利用式（4.13）计算 $E_d(P)$：

1）$j = 1$。

2）如果 $P(1-r_{dj}) \geq Q$，有 $\Phi_j = \{C_g[P(1-r_{dj})-Q]+C_r P r_{dj}\}\rho_{r_{dj}}$；否则：$\Phi_j = \{C_q[Q-P(1-r_{dj})]+C_r P r_{dj}+S\}\rho_{r_{dj}}$。

3）当 $j = m$，$E(P) = \sum_{j=1}^{m}\Phi_j$，结束步骤（2）；

若 $j = j + 1$，则返回步骤 2）。

（3）如果 $E_d(P^*) \geq E_d(P)$，则 $E_d(P^*) = E_d(P)$，$P^* = P$。

（4）当 $P = h$（投产量上限），结束；若 $P = P + d$（d 为步长或为精度），则返回步骤（2）。

4.4.2 算例

本算例除了产品不合格率分布外,其余数据采用 4.3.4 算例的数据。该公司通过历史数据统计得到其产品不合格率及其概率如表 4-1 所示。问,当需求量为 1000 千克时,P 在 [1000, 1200] 精度分别为 100 千克,10 千克,5 千克,1 千克和 0.1 千克的最优投产量和最优投产期望成本各是多少?

表 4-1 产品不合格率及其概率

r_{dj}(%)	0	5	10	15	20
$\rho_{r_{dj}}$	0.1	0.15	0.35	0.3	0.1

根据"步长—比较"算法,编写了求解本算例的程序代码(见附录2)在 Matlab 环境中模拟仿真,结果如下:

当 $d = 100$ 千克时,可得表 4-2 和图 4-6:

表 4-2 当 $d = 100$ 千克时,P 与 $E_d(P)$

	$E_{d1}(P)$	$E_{d2}(P)$	$E_{d3}(P)$	$E_{d4}(P)$	$E_{d5}(P)$	$E_d(P)$
$P = 1000$	0.00	2925.00	12425.00	15450.00	6750.00	37550.00
$P^* = 1100$	2300.00	2542.50	6545.00	10890.00	5390.00	27668.00
$P = 1200$	4600.00	5910.00	11480.00	7860.00	4030.00	33880.00

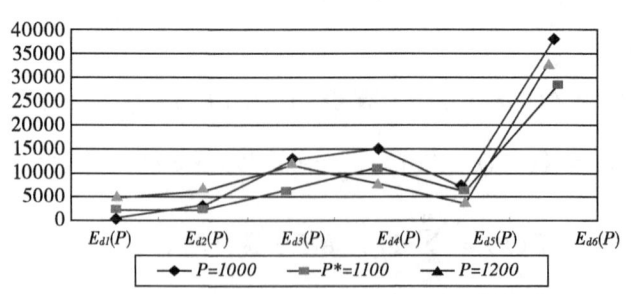

图 4-6 当 $d = 100$ 千克时,P 与 $E_d(P)$ 的关系

当 $d = 10$ 千克时,可得表 4-3 和图 4-7:

表 4-3　当 $d=10$ 千克时，P 与 $E_d(P)$ 的关系

	$E_{d1}(P)$	$E_{d2}(P)$	$E_{d3}(P)$	$E_{d4}(P)$	$E_{d5}(P)$	$E_d(P)$
$P=1000$	0.00	2925.00	12425.00	15450.00	6750.00	37550.00
$P=1010$	230.00	2649.00	11837.00	14994.00	6614.00	36324.00
$P=1020$	460.00	2373.00	11249.00	14538.00	6478.00	35098.00
$P=1030$	690.00	2097.00	10661.00	14082.00	6342.00	33872.00
$P=1040$	920.00	1821.00	10073.00	13626.00	6206.00	32646.00
$P=1050$	1150.00	1545.00	9485.00	13170.00	6070.00	31420.00
$P=1060$	1380.00	1195.50	8897.00	12714.00	5934.00	30121.00
$P=1070$	1610.00	1532.30	8309.00	12258.00	5798.00	29507.00
$P=1080$	1840.00	1869.00	7721.00	11802.00	5662.00	28894.00
$P=1090$	2070.00	2205.80	7133.00	11346.00	5526.00	28281.00
$P=1100$	2300.00	2542.50	6545.00	10890.00	5390.00	27668.00
$P=1110$	2530.00	2879.30	5957.00	10434.00	5254.00	27054.00
$P=1120$	2760.00	3216.00	5348.00	9978.00	5118.00	26420.00
$P=1130$	2990.00	3552.80	6114.50	9522.00	4982.00	27161.00
$P=1140$	3220.00	3889.50	6881.00	9066.00	4846.00	27903.00
$P=1150$	3450.00	4226.30	7647.50	8610.00	4710.00	28644.00
$P=1160$	3680.00	4563.00	8414.00	8154.00	4574.00	29385.00
$P=1170$	3910.00	4899.80	9180.50	7698.00	4438.00	30126.00
$P=1180$	4140.00	5236.50	9947.00	6579.00	4302.00	30205.00
$P=1190$	4370.00	5573.30	10714.00	7219.50	4166.00	32042.00
$P=1200$	4600.00	5910.00	11480.00	7860.00	4030.00	33880.00

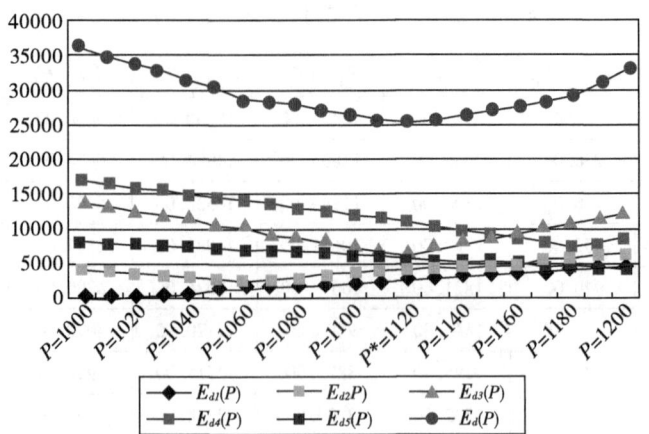

图 4-7 当 $d=10$ 千克时，P 与 $E_d(P)$ 的关系

当 $d=5$ 千克时，可得表 4-4 和图 4-8：

表 4-4 当 $d=5$ 千克时，P 与 $E_d(P)$ 的关系

	$E_{d1}(P)$	$E_{d2}(P)$	$E_{d3}(P)$	$E_{d4}(P)$	$E_{d5}(P)$	$E_d(P)$
$P=1000$	0.00	2925.00	12425.00	15450.00	6750.00	37550.00
$P=1005$	115.00	2787.00	12131.00	15222.00	6682.00	36937.00
$P=1010$	230.00	2649.00	11837.00	14994.00	6614.00	36324.00
$P=1015$	345.00	2511.00	11543.00	14766.00	6546.00	35711.00
$P=1020$	460.00	2373.00	11249.00	14538.00	6478.00	35098.00
$P=1025$	575.00	2235.00	10955.00	14310.00	6410.00	34485.00
$P=1030$	690.00	2097.00	10661.00	14082.00	6342.00	33872.00
$P=1035$	805.00	1959.00	10367.00	13854.00	6274.00	33259.00
$P=1040$	920.00	1821.00	10073.00	13626.00	6206.00	32646.00
$P=1045$	1035.00	1683.00	9779.00	13398.00	6138.00	32033.00
$P=1050$	1150.00	1545.00	9485.00	13170.00	6070.00	31420.00
$P=1055$	1265.00	1027.10	9191.00	12942.00	6002.00	30427.00
$P=1060$	1380.00	1195.50	8897.00	12714.00	5934.00	30121.00
$P=1065$	1495.00	1363.90	8603.00	12486.00	5866.00	29814.00
$P=1070$	1610.00	1532.30	8309.00	12258.00	5798.00	29507.00
$P=1075$	1725.00	1700.60	8015.00	12030.00	5730.00	29201.00

续表

	$E_{d1}(P)$	$E_{d2}(P)$	$E_{d3}(P)$	$E_{d4}(P)$	$E_{d5}(P)$	$E_d(P)$
$P=1080$	1840.00	1869.00	7721.00	11802.00	5662.00	28894.00
$P=1085$	1955.00	2037.40	7427.00	11574.00	5594.00	28587.00
$P=1090$	2070.00	2205.80	7133.00	11346.00	5526.00	28281.00
$P=1095$	2185.00	2374.10	6839.00	11118.00	5458.00	27974.00
$P=1100$	2300.00	2542.50	6545.00	10890.00	5390.00	27668.00
$P=1105$	2415.00	2710.90	6251.00	10662.00	5322.00	27361.00
$P=1110$	2530.00	2879.30	5957.00	10434.00	5254.00	27054.00
$P=1115$	2645.00	3047.60	4964.80	10206.00	5186.00	26049.00
$P=1120$	2760.00	3216.00	5348.00	9978.00	5118.00	26420.00
$P=1125$	2875.00	3384.40	5731.30	9750.00	5050.00	26791.00
$P=1130$	2990.00	3552.80	6114.50	9522.00	4982.00	27161.00
$P=1135$	3105.00	3721.10	6497.80	9294.00	4914.00	27532.00
$P=1140$	3220.00	3889.50	6881.00	9066.00	4846.00	27903.00
$P=1145$	3335.00	4057.90	7264.20	8838.00	4778.00	28273.00
$P=1150$	3450.00	4226.30	7647.50	8610.00	4710.00	28644.00
$P=1155$	3565.00	4394.60	8030.70	8382.00	4642.00	29014.00
$P=1160$	3680.00	4563.00	8414.00	8154.00	4574.00	29385.00
$P=1165$	3795.00	4731.40	8797.30	7926.00	4506.00	29756.00
$P=1170$	3910.00	4899.80	9180.50	7698.00	4438.00	30126.00
$P=1175$	4025.00	5068.10	9563.80	7470.00	4370.00	30497.00
$P=1180$	4140.00	5236.50	9947.00	6579.00	4302.00	30205.00
$P=1185$	4255.00	5404.90	10330.00	6899.30	4234.00	31123.00
$P=1190$	4370.00	5573.30	10714.00	7219.50	4166.00	32042.00
$P=1195$	4485.00	5741.60	11097.00	7539.80	4098.00	32961.00
$P=1200$	4600.00	5910.00	11480.00	7860.00	4030.00	33880.00

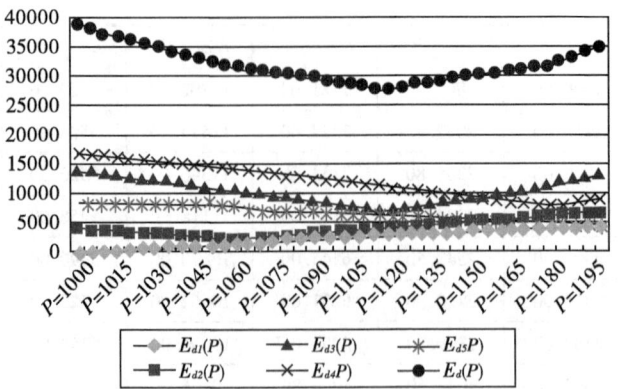

图 4-8　当 $d=5$ 千克时，P 与 $E_d(P)$ 的关系

当 $d=1$ 千克时，可得表 4-5 和图 4-9：

表 4-5　当 $d=1$ 千克时，P 与 $E_d(P)$ 的关系

	$E_{d1}(P)$	$E_{d2}(P)$	$E_{d3}(P)$	$E_{d4}(P)$	$E_{d5}(P)$	$E_d(P)$
$P=1110$	2530.00	2879.30	5957.00	10434.00	5254.00	27054.00
$P=1111$	2553.00	2912.90	5898.20	10388.00	5240.40	26993.00
$P=1112$	2576.00	2946.60	4734.80	10343.00	5226.80	25827.00
$P=1113$	2599.00	2980.30	4811.50	10297.00	5213.20	25901.00
$P=1114$	2622.00	3013.90	4888.10	10252.00	5199.60	25975.00
$P=1115$	2645.00	3047.60	4964.80	10206.00	5186.00	26049.00
$P=1116$	2668.00	3081.30	5041.40	10160.00	5172.40	26123.00
$P=1117$	2691.00	3115.00	5118.10	10115.00	5158.80	26198.00
$P=1118$	2714.00	3148.60	5194.70	10069.00	5145.20	26272.00
$P=1119$	2737.00	3182.30	5271.40	10024.00	5131.60	26346.00
$P=1120$	2760.00	3216.00	5348.00	9978.00	5118.00	26420.00

第4章 不确定产出投产量决策

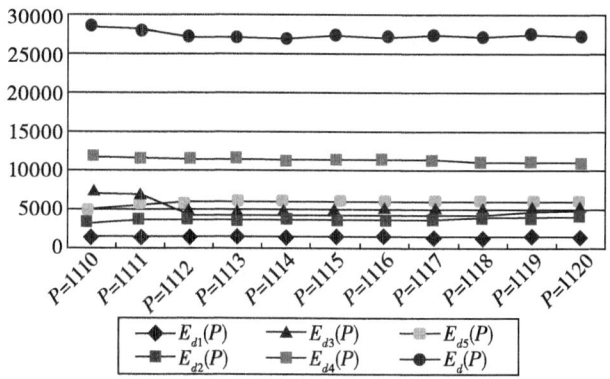

图4-9 当 $d=1$ 千克时，P 与 $E_d(P)$ 的关系

当 $d=0.1$ 千克时，可得表4-6和图4-10：

表4-6 当 $d=0.1$ 千克时，P 与 $E_d(P)$ 的关系

	$E_{d1}(P)$	$E_{d2}(P)$	$E_{d3}(P)$	$E_{d4}(P)$	$E_{d5}(P)$	$E_d(P)$
$P=1111$	2553.00	2912.90	5898.20	10388.00	5240.40	26993.00
$P=1111.1$	2555.30	2916.30	5892.30	10384.00	5239.00	26987.00
$P=1111.2$	2557.60	2919.70	4673.50	10379.00	5237.70	25768.00
$P=1111.3$	2559.90	2923.00	4681.10	10375.00	5236.30	25775.00
$P=1111.4$	2562.20	2926.40	4688.80	10370.00	5235.00	25783.00
$P=1111.5$	2564.50	2929.80	4696.50	10366.00	5233.60	25790.00
$P=1111.6$	2566.80	2933.10	4704.10	10361.00	5232.20	25797.00
$P=1111.7$	2569.10	2936.50	4711.80	10356.00	5230.90	25805.00
$P=1111.8$	2571.40	2939.90	4719.50	10352.00	5229.50	25812.00
$P=1111.9$	2573.70	2943.20	4727.10	10347.00	5228.20	25820.00
$P=1112.0$	2576.00	2946.60	4734.80	10343.00	5226.80	25827.00
$P=1112.1$	2578.30	2950.00	4742.50	10338.00	5225.40	25834.00
$P=1112.2$	2580.60	2953.30	4750.10	10334.00	5224.10	25842.00
$P=1112.3$	2582.90	2956.70	4757.80	10329.00	5222.70	25849.00
$P=1112.4$	2585.20	2960.10	4765.50	10325.00	5221.40	25857.00
$P=1112.5$	2587.50	2963.40	4773.10	10320.00	5220.00	25864.00
$P=1112.6$	2589.80	2966.80	4780.80	10315.00	5218.60	25871.00
$P=1112.7$	2592.10	2970.20	4788.50	10311.00	5217.30	25879.00

续表

	$E_{d1}(P)$	$E_{d2}(P)$	$E_{d3}(P)$	$E_{d4}(P)$	$E_{d5}(P)$	$E_{d}(P)$
$P=1112.8$	2594.40	2973.50	4796.10	10306.00	5215.90	25886.00
$P=1112.9$	2596.70	2976.90	4803.80	10302.00	5214.60	25894.00
$P=1113.0$	2599.00	2980.30	4811.40	10297.00	5213.20	25901.00

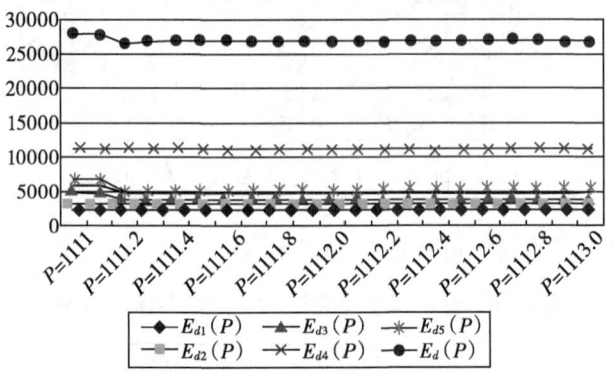

图 4-10 当 $d=0.1$ 千克时,P 与 $E_{d}(P)$ 的关系

根据以上仿真结果,可得不同步长对应最优的投产量和投产期望成本如表 4-7 所示。

表 4-7 不同步长对应的 P^{*} 与 $E_{d}(P^{*})$

d(千克)	100	10	5	1	0.1
P^{*}(千克)	1100	1120	1115	1112	1111.2
$E_{d}(P^{*})$(元/千克)	27668.00	26420.00	26049.00	25827.00	25768.00

4.5 基于学习曲线投产量模型

4.5.1 学习曲线不合格率函数

根据"学习曲线"原理,随着产品投产量的增加,工人可以通过学习不断地降低产品不合格率。参照 Wright T. P. 的学习曲线公式,构建学习曲线不合格率函数为:

$$r_{l} = rP^{-k} \tag{4.14}$$

其中，r_l为投产量为P时的产品不合格率，r为单位投产时的产品不合格率，k为学习率，$k \in (0,1)$，k越大学习效果越好。学习曲线公式有多种形式，如张毕西的对数形式。

令$r=0.3$，$k=0.1$。做学习曲线不合格率与投产量的关系，如图4-11所示。

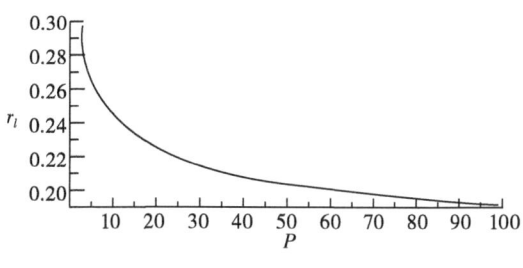

图4-11 r_l与P的关系

4.5.2 学习曲线投产量模型

考虑产品不合格率随机分布独立于产品合格率，结合式（4.4）和式（4.14），构建学习曲线投产量模型为：

$$E_l(P) = \int_a^{\frac{P-Q}{P^{1-k}}} \{C_g[P(1-r_cP^{-k})-Q] + C_r r_c P^{-k+1}\} f(r_c) dr_c +$$

$$\int_{\frac{P-Q}{P^{1-k}}}^b \{C_q[Q-P(1-r_cP^{-k})] + C_r r_c P^{-k+1} + S\} f(r_c) dr_c \quad (4.15)$$

4.5.3 不合格率服从均匀分布的学习曲线投产量模型分析

不合格率服从均匀分布的学习曲线投产量模型分析，即不合格率服从$r_c \sim U[a, b]$模型分析。

不合格率$r_c \sim U[a, b]$，则有：

$$f(r_c) = \begin{cases} \dfrac{1}{b-a} & a \leq r_c \leq b \\ 0 & \text{others} \end{cases} \quad (4.16)$$

结合式（4.15）和式（4.16）可得不合格率服从均匀分布的学习曲线投产量模型为：

$$E_l(P) = \int_a^{\frac{P-Q}{P1-k}} \{C_g[P(1-r_cP^{-k})-Q] + C_r r_c P^{-k+1}\}\frac{1}{b-a}dr_c +$$

$$\int_{\frac{P-Q}{P1-k}}^b \{C_q[Q-P(1-r_cP^{-k})] + C_r r_c P^{-k+1} + S\}\frac{1}{b-a}dr_c \quad (4.17)$$

对式（4.17）求积分和化简有：

$$E_l(P) = \frac{t_1 P^{1-k} - t_2 P^{k-1} - t_3 P^{k+1} + t_4 P^k + t_5 P - 2(aC_g+bC_q)Q - 2bS}{2a-2b}$$

(4.18)

其中，

$$t_1 = [a^2(C_r - C_g) - b^2(C_r + C_q)], t_2 = Q[(C_g + C_q)Q + 2S]$$

$$t_3 = (C_g + C_q), t_4 = 2[(C_q + C_g)Q + S], t_5 = 2(aC_g + bC_q)$$

命题 2：若 $[(a^2-b^2)C_r + (1-a^2)C_q + (1-b^2)C_g] > 0$，$P > 1$，那么不合格率均匀分布学习曲线投产量模型存在最优投产量 P^*，它满足以下等式：

$$(1-k)t_1 P^{-k} - (k-1)t_2 P^{k-2} - (k+1)t_3 P^k + kt_4 P^{k-1} + t_5 = 0$$

(4.19)

证明：因为对式（4.18）求 P 的一阶导数为 0，化简可得：

$$\frac{dE_l(P)}{dP} = \frac{(1-k)t_1 P^{-k} - (k-1)t_2 P^{k-2} - (k+1)t_3 P^k + kt_4 P^{k-1} + t_5}{2a-2b}$$

若存在最优投产量，则最优投产量必须满足：

$$(1-k)t_1 P^{-k} - (k-1)t_2 P^{k-2} - (k+1)t_3 P^k + kt_4 P^{k-1} + t_5 = 0$$

此时，令：

$$f(P) = (1-k)t_1 P^{-k} - (k-1)t_2 P^{k-2} - (k+1)t_3 P^k + kt_4 P^{k-1} + t_5$$

因为：$f(P=0) = t_5 > 0$ 和 $f(P=\infty) = -(k+1)P^\infty + t_5 < 0$，所以，存在一个投产量满足式（4.19）。

对式（4.18）求 P 的二阶导数化简可得：

$$\frac{d^2 E_l(P)}{dP^2} =$$

$$\frac{(-k)(1-k)t_1P^{-k-1}-(k-2)(k-1)t_2P^{k-3}-k(k+1)t_3P^{k-1}+(k-1)kt_4P^{k-2}}{2a-2b}$$

这时有：

$$(-k)(1-k)t_1P^{-k-1}-k(k+1)t_3P^{k-1}=(-k)(1-k)t_1P^{k-1}P^{-2k}-k(k+1)t_3P^{k-1}=$$

$$-kP^{k-1}[(1-k)t_1P^{-2k}+(k+1)t_3]=-kP^{k-1}\left[\frac{(1-k)t_1+(k+1)t_3P^{2k}}{P^{2k}}\right]<$$

$$\frac{-kP^{k-1}}{P^{2k}}[(1-k)t_1+(k+1)t_3]=$$

$$\frac{-kP^{k-1}}{P^{2k}}[(1-k)[a^2(C_r-C_g)-b^2(C_r+C_q)]+(k+1)(C_g+C_q)]<$$

$$\frac{-kP^{k-1}}{P^{2k}}[a^2(C_r-C_g)-b^2(C_r+C_q)+(k+1)(C_g+C_q)]<$$

$$\frac{-kP^{k-1}}{P^{2k}}[a^2(C_r-C_g)-b^2(C_r+C_q)+(C_g+C_q)]=$$

$$\frac{-kP^{k-1}}{P^{2k}}[C_r(a^2-b^2)+C_q(1+b^2)+C_g(1-a^2)]<0$$

又因为：

$$-(k-2)(k-1)t_2P^{k-3}<0,(k-1)kt_4P^{k-2}<0$$

所以 $\dfrac{\mathrm{d}^2E_l(P)}{\mathrm{d}P^2}>0$ 成立。

4.5.4 敏感性分析

（1）学习率敏感性分析。

令 $Q=1000$，$C_r=120$，$C_g=230$，$C_q=200$，$S=3500$ 和 $r_c \sim U[0, 0.2]$。

把以上参数值代入式（4.18），化简可得：

$$E_l(P)=1075P^{k+1}-2.2\times10^6P^k+1.1\times10^9P^{k-1}+32P^{1-k}-200P+2\times10^5 \tag{4.20}$$

因为 $[(a^2-b^2)C_r+(1-a^2)C_q+(1-b^2)C_g]=416>0$，所以

存在最优投产量。把 $Q=1000$，$C_r=120$，$C_g=230$，$C_q=200$，$S=3500$ 和 $r_c \sim U[0, 0.2]$ 代入式 (4.19) 可得最优投产量 P^* 与 k 的关系：

$$1.1 \times 10^9 \times (k-1)P^{k-2*} + 32 \times (1-k)P^{-k*} - 2.2 \times 10^6 P^{k-1*}k + 1075 \times (1+1k)P^{k*} - 200 = 0 \quad (4.21)$$

根据式 (4.20) 和式 (4.21) 可得最优的投产量和投产期望成本与学习率的关系，如图 4-12 和图 4-13 所示。从图 4-12 和图 4-13 可知，最优投产量和最优投产量期望成本随着学习率的增加而减少。

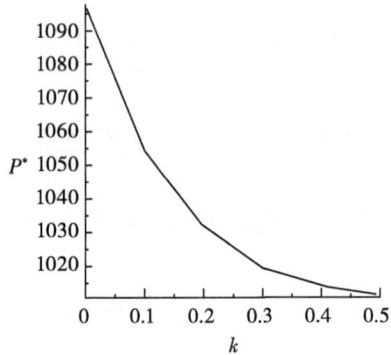

图 4-12 P^* 与 k 的关系

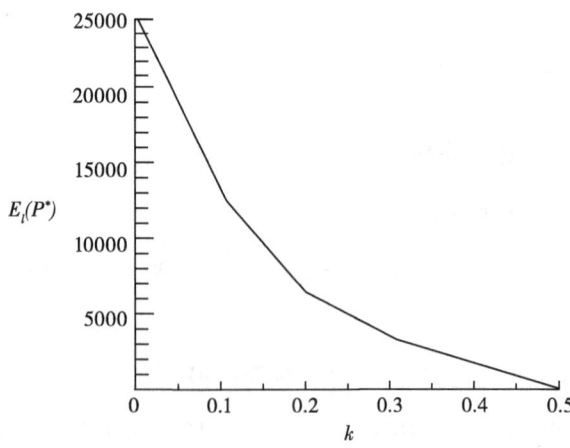

图 4-13 $E_l(P^*)$ 与 k 的关系

(2) 不合格率随机分布敏感性分析。

令 $Q=1000$，$C_r=120$，$C_g=230$，$C_q=200$，$S=3500$，$k=0.2$ 和 $r_c \sim U[a,0.2]$。

把以上参数值代入式（4.18）化简有：

$$E_l(P) = \frac{4.3 \times 10^5 P - 2.2 \times 10^8 - 55a^2 P^{8/5} + 230 P^{9/5} a - 2.3 \times 10^5 a P^{4/5} - 6.4 P^{8/5} - 40700 P^{4/5} + 40 P^{9/5} - 215 P^2}{P^{4/5}(a-0.2)} \quad (4.22)$$

因为 $[(a^2-b^2)C_r+(1-a^2)C_q+(1-b^2)C_g]=416-80a^2>0$，所以存在最优投产量。把 $Q=1000$，$C_r=120$，$C_g=230$，$C_q=200$，$S=3500$，$k=0.2$ 和 $r_c \sim U[a,0.2]$ 代入式（4.19）可得最优投产量 P^* 与 a 的关系：

$$\frac{1.7\times 10^8 - 258 P^{2*} + 86700 P + 40 P^{9/5*} + 230 P^{9/5*}a - 5.1 P^{8/5*} - 44a^2 P^{8/5*}}{P^{9/5*}(a-0.2)} = 0 \quad (4.23)$$

根据式（4.22）和式（4.23）可得最优的投产量和投产期望成本与不合格率均匀分布参数 a 的关系，如图 4-14 和图 4-15 所示。从图 4-14 和图 4-15 可知：最优投产量随着不合格率均匀分布参数 a 的增加而增加，最优投产量期望成本随着不合格率均匀分布参数 a 的增加而减少。

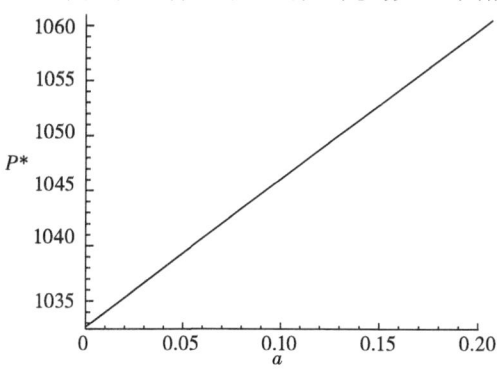

图 4-14 P^* 与 a 的关系

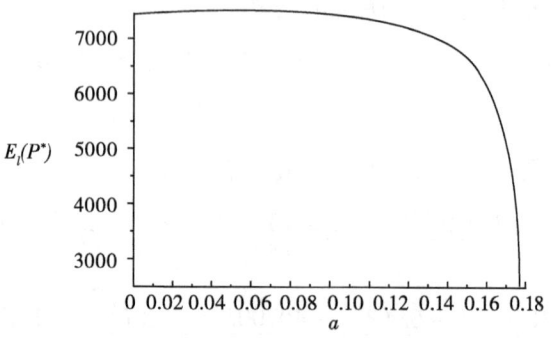

图 4-15 $E_l(P^*)$ 与 a 的关系

令 $Q = 1000$，$C_r = 120$，$C_g = 230$，$C_q = 200$，$S = 3500$，$k = 0.2$ 和 $r_c \sim U[0, b]$。

把以上参数值代入式 (4.18)，化简可得：

$$E_l(P) = -\frac{5(4P^{9/5}b - 32b^2P^{8/5} - 40700P^{4/5}b - 43P^2 + 86700P - 4.4 \times 10^7)}{bP^{4/5}}$$

(4.24)

因为 $[(a^2 - b^2)C_r + (1 - a^2)C_q + (1 - b^2)C_g] = 430 - 350b^2 > 0$，所以存在最优投产量。把 $Q = 1000$，$C_r = 120$，$C_g = 230$，$C_q = 200$，$S = 3500$，$k = 0.2$ 和 $r_c \sim U[0, b]$ 代入式 (4.19) 可得最优投产量 P^* 与 b 的关系：

$$-\frac{2(100P^{9/5*}b - 64b^2P^{8/5*} - 129P^{2*} + 43350P^* + 8.7 \times 10^7)}{P^{9/5*}b} = 0$$

(4.25)

根据式 (4.24) 和式 (4.25) 可得最优的投产量和投产期望成本与不合格率均匀分布参数 b 的关系，如图 4-16 和图 4-17 所示。从图 4-16 和图 4-17 可知，最优投产量和最优投产量期望成本随着不合格率均匀分布参数 b 的增加而增加。

综上所述可知，最优投产量随着不合格率均匀分布均值的增加而增加。

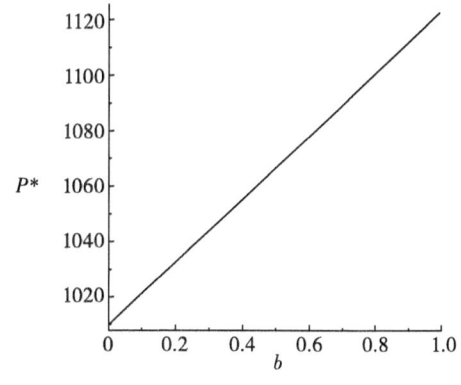

图 4-16　P^* 与 b 的关系

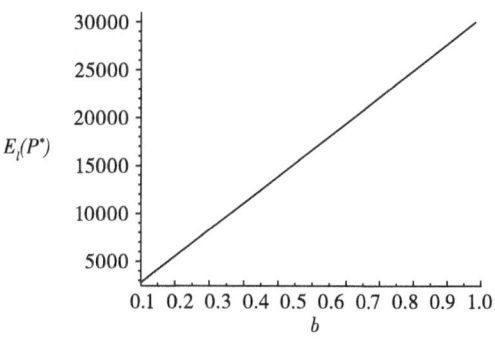

图 4-17　$E_l(P^*)$ 与 b 的关系

综合不合格率连续随机分布投产量模型敏感性分析和基于学习曲线投产量模型敏感性分析如表 4-8 所示。从表 4-8 可知，除了最优投产量关于均匀分布参数 b 和最优投产期望成本关于欠产再投产准备费用外，不合格率连续随机分布与基于学习曲线投产量与相关的参数变化关系基本一致。同时，我们注意到若考虑了工人的学习，最优投产量和最优投产期望成本都较没有考虑工人的学习时小，特别是最优投产期望成本降低了很多（26876.7 - 7441.6 = 19435.1（元））。因此，企业可以通过加大工人的培训投入，提高工人的学习能力来降低成本。

表4-8 不合格率连续随机分布与基于学习曲线投产量模型敏感性异同

	Q	a	b	k
P^*（连续随机分布）	↗	↗	↗↘	--
$E_c(P^*)$	↗	↘	↗	--
P^*（基于学习曲线）	↗	↗	↗	↘
$E_l(P^*)$	↗	↘	↗	↘

注：↗表示递增，↘表示递减，↗↘表示先增加后减少，--表示不相关。

4.5.5 算例

本算例采用4.3.4算例的数据。同时，企业发现随着投产量的增加，不合格率呈现逐渐下降的趋势，经分析得知工人在投产时具有一定的学习能力，其学习率$k=0.2$。问：若考虑工人的学习，最优投产量和最优投产期望成本各是多少？

由题意有：$Q=1000$ 千克，$C_r=120$ 元/千克，$C_g=230$ 元/千克，$C_q=200$ 元/千克，$S=3500$ 元/次，$k=0.2$ 和 $r_c \sim U[0, 0.2]$。把以上参数代入式（4.18），化简可得：

$$E_l(P) = \frac{1075P^2 - 2.2 \times 10^6 P + 1.1 \times 10^9 + 32P^{8/5} + 2 \times 10^5 P^{4/5} - 200P^{9/5}}{P^{4/5}}$$

(4.26)

根据式（4.26）可作投产期望成本与投产量的关系图，如图4-18所示。从图4-18可知，投产期望成本随着投产量的增加先减少后增加，存在最小值。

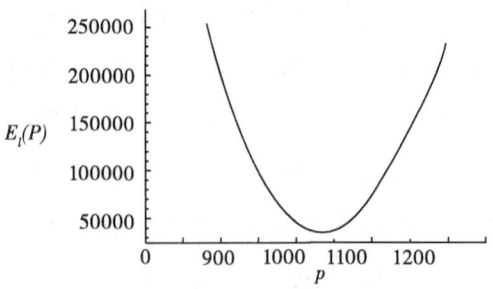

图4-18 $E_l(P)$与P的关系

因为 $[(a^2-b^2)C_r+(1-a^2)C_q+(1-b^2)C_g]=416>0$，所以存在最优投产量。把 $Q=1000$ 千克，$C_r=120$ 元/千克，$C_g=230$ 元/千克，$C_q=200$ 元/千克，$S=3500$ 元/次，$k=0.2$ 和 $r_c\sim U[0,0.2]$ 代入式(4.19)化简可得最优计划投产量满足的等式：

$$\frac{1290P^2-4.3\times10^5P-8.7\times10^8+25.6P^{8/5}-200P^{9/5}}{P^{9/5}}=0$$

解上式可得最优计划投产量为：$P^*=1031.5$ 千克。把它代入式(4.26)可得最优投产期望成本为：7441.6 元。

4.6 本章小结

在产品不合格率连续随机分布投产模型中，模型存在最优投产量。通过产品不合格率均匀分布模型分析，给出了最优投产量数学表达式，该表达式表明：最优投产量随着需求量和欠产再投产准备费用的增加而增加，随着产品不合格单位处理成本的增加而减少。

在产品不合格离散随机分布投产模型中，设计了步长—比较算法，该算法的思路为：在一定的精度（步长）下，通过比较全部投产期望成本来获取最优的投产量。这种算法的优点是遍历全部可能的解，缺点是当解空间过大，以及要求的精度较高时，则需要耗费较长的时间。优化算法，如遗传算法，将会是未来研究的方向。

在基于"学习曲线"理论的投产模型中，通过产品不合格率均匀分布模型分析，证明了当满足条件 $[(a^2-b^2)C_r+(1-a^2)C_q+(1-b^2)C_g]>0$ 时，模型存在最优的投产量，并给出了它满足的等式，同时，通过与不合格率连续随机分布投产量模型敏感性分析和算例比较可知，工人学习率的提高可以减少计划投产量和降低企业的投产期望成本。由于构建的学习率曲线是指数的，所以建立的学习曲线投产模型较复杂，难以通过数学分析展开研究，只能通过不合格率服从均匀分布来分析模型。因此，构建简单有效的学习率曲线，建立学习曲线投产模型将是未来研究的内容。

第5章 不确定产出供应链投产量决策

5.1 引言

第 5 章是在第 4 章单个企业不确定产出投产量决策的研究基础上，基于供应链的视角来研究企业之间的不确定产出投产量决策问题。考虑需求是价格的线性关系，构建价格关于投产量的函数。在此基础上，建立以投产量为决策变量，以供应链期望利润为目标函数的集中与分散决策模型。通过模型的分析，得到了集中决策和分散决策对应的最优投产量表达式。通过分析得出了它们的异同：在集中决策中，最优投产量随着市场潜在需求增加而增加，随着生产成本、合格率标准方差的增加而减少；在分散决策中，最优投产量随着市场潜在需求增加而增加，随着价格弹性系数、合格率标准方差的增加而减少。与此同时，我们还分别从供应商和供应链的角度求解得到了两种情况的最优批发价表达式。虽然从供应链的角度得到销售商的利润优于供应商的利润，但是却使得供应商的利润为零，所以我们考虑销售商和供应商分配的利润不低于从供应商角度决策批发价得到的利润，构建了利润协调模型，得到了利润分配系数的取值范围，这有效解决了利润分配不合理的现象。

5.2 模型的建立

5.2.1 模型假设

(1) 市场需求是价格线性函数。

(2) 销售商根据市场需求进行订购,供应商按照销售商的订购量进行一次性投产。

5.2.2 模型符号及说明

p = 产品价格;

P = 产品的投产量;

C = 产品生产成本;

C_r = 产品不合格单位处理成本;

w = 产品批发价;

r_o = 产品合格品率,是随机变量。设 $R(r_o)$ 为 r_o 的概率密度函数,它的范围为 $[a, b]$,均值为 u,标准方差为 σ。

5.2.3 价格函数

根据假设(1)有:$D(p) = A - Bp$,其中 A 为市场潜在需求,B 为价格弹性系数。那么价格关于需求的函数为 $p(D) = A/B - D/B$。根据假设(2)可知,$D = Pr_o$。因此,构建价格关于投产量的函数为:

$$p(P) = A/B - Pr_o/B \tag{5.1}$$

5.2.4 集中决策模型

考虑产出的不确定性,建立以投产量为决策变量,以企业期望利润为目标函数的集中决策模型为:

$$\Pi_f = E(P) = E\left[\left(\frac{A}{B} - \frac{Pr_o}{B}\right)Pr_o - CP - C_r(1-r_o)P\right] \tag{5.2}$$

其中,中括号内第一项为销售收入,第二项为生产成本,第三项为产品不合格处理成本。

式（5.2）用积分表示为：

$$\Pi_f = \int_a^b \left[\left(\frac{A}{B} - \frac{Pr_o}{B} \right) Pr_o - CP - C_r(1-r_o)P \right] R(r_o) dr_o \quad (5.3)$$

命题1：集中决策模型存在最优投产量，设为P_f^*，它的表达式为：

$$P_f^* = \frac{(A+BC_r)u - B(C+C_r)}{2(u^2+\sigma^2)} \quad (5.4)$$

证明：对式（5.3）求关于P的一阶导数有：

$$\frac{d\Pi_f}{dP} = \int_a^b \left[\left(\frac{A}{B} - \frac{Pr_o}{B} \right) r_o - \frac{Pr_o^2}{B} - C - C_r(1-r_o) \right] R(r_o) dr_o$$

令上式等于0，则有：

$$P = \frac{(A+BC_r)\int_a^b r_o R(r_o) dr - B(C+C_r)\int_a^b R(r_o) r_o dr_o}{2\int_a^b R(r_o) r_o^2 dr_o}$$

因为$\int_a^b r_o R(r_o) dr_o = u$，$\int_a^b R(r_o) dr_o = 1$和$\int_a^b R(r_o) r_o^2 dr_o = u^2 + \sigma^2$，所以有：

$$P = \frac{(A+BC_r)u - B(C+C_r)}{2(u^2+\sigma^2)}$$

又因为对式（5.3）求关于P的二阶导数有：$-\frac{u^2+\sigma^2}{2B} < 0$，根据极值定理可知命题1成立。

命题1结论：在集中决策中，最优投产量随着市场潜在需求的增加而增加，随着生产成本、合格率标准方差的增加而减少。

把式（5.4）代入式（5.3），有：

$$\Pi_f^* = \int_a^b \left[\begin{array}{c} \left(\frac{A}{B} - \frac{\frac{(A+BC_r)u - B(C+C_r)}{2(u^2+\sigma^2)} r_o}{B} \right) r_o \\ - C - C_r(1-r_o) \end{array} \right] \frac{(A+BC_r)u - B(C+C_r)}{2(u^2+\sigma^2)} R(r_o) dr_o$$

对上式进一步化简可得：

$$\Pi_f^* = \int_a^b \left[\left(\frac{A}{B} - \frac{\frac{(A+BC_r)u - B(C+C_r)}{2(u^2+\sigma^2)} r_o}{B} \right) \frac{(A+BC_r)u - B(C+C_r)}{2(u^2+\sigma^2)} R(r_o) \mathrm{d}r_o \right.$$
$$\left. - C - C_r(1 - r_o) \right]$$

$$= \frac{1}{4} \frac{(B(uC_r - C - C_r) + Au)}{B(u^2+\sigma^2)^2} f_1$$

其中：

$$f_1 = \int_a^b \begin{pmatrix} 2B\sigma^2 C_r r_o + 2Bu^2 C_r r_o - BuC_r r_o^2 + 2A\sigma^2 r_o + 2Au^2 r_o - Aur_o^2 \\ - 2BC\sigma^2 - 2BCu^2 + BCr_o^2 - 2B\sigma^2 C_r - 2Bu^2 C_r + BC_r r_o^2 \end{pmatrix} R(r_o) \mathrm{d}r_o$$

因为 $\int_a^b r_o R(r_o) \mathrm{d}r_o = u$，$\int_a^b R(r_o) \mathrm{d}r_o = 1$ 和 $\int_a^b R(r_o) r_o^2 \mathrm{d}r_o = u^2 + \sigma^2$，其中 u 为均值，σ 为标准方差。所以有：

$$f_1 = \begin{pmatrix} 2B\sigma^2 C_r u + 2Bu^2 C_r u - BuC_r(u^2+\sigma^2) + 2A\sigma^2 u + 2Au^2 u - Au(u^2+\sigma^2) \\ - 2BC\sigma^2 - 2BCu^2 + BC(u^2+\sigma^2) - 2B\sigma^2 C_r - 2Bu^2 C_r + BC_r(u^2+\sigma^2) \end{pmatrix}$$

$$= ((uC_r - C - C_r)B + Au)(u^2+\sigma^2)$$

因此，集中决策最优利润为：

$$\Pi_f^* = \frac{1}{4} \frac{[B((u-1)C_r - C) + Au]^2}{B(u^2+\sigma^2)} \tag{5.5}$$

命题2：若 $(Au + (u-1)C_r - C) > 0$，那么集中决策最优利润随着市场潜在需求 A 和产品合格率均值 u 的增加而增加；随着产品生产成本 C、产品不合格单位处理成本 C_r、产品合格率标准方差 σ 和价格弹性系数 B 的增加而减少。

证明：因为集中决策最优利润分别对市场潜在需求 A，产品合格率均值 u、产品生产成本 C、产品不合格单位处理成本 C_r、产品合格率标准方差 σ 和价格弹性系数 B 的导数有：

$$\frac{\mathrm{d}\Pi_f^*}{\mathrm{d}A} = \frac{1}{2} \frac{[B((u-1)C_r - C) + Au]u}{B(u^2+\sigma^2)} > 0$$

$$\frac{d\Pi_f^*}{du} = \frac{1}{2}\frac{[B((u-1)C_r - C) + Au][((C+C_r)u + \sigma^2 C_r)B + A\sigma^2]}{B(u^2+\sigma^2)^2} > 0$$

$$\frac{d\Pi_f^*}{dC} = -\frac{1}{2}\frac{B((u-1)C_r - C) + Au}{u^2+\sigma^2} < 0$$

$$\frac{d\Pi_f^*}{dC_r} = \frac{1}{2}\frac{[B((u-1)C_r - C) + Au]((u-1))}{u^2+\sigma^2} < 0$$

$$\frac{d\Pi_f^*}{d\sigma} = -\frac{1}{2}\frac{[B((u-1)C_r - C) + Au]^2 \sigma}{B(u^2+\sigma^2)^2} < 0$$

$$\frac{d\Pi_f^*}{dB} = -\frac{1}{4}\frac{[B((u-1)C_r - C) + Au][((1-u)C_r + C)B + Au]}{B(u^2+\sigma^2)^2} < 0$$

所以命题 2 成立。

（1）产品合格率标准方差敏感性分析。

令 $C = 700$, $C_r = 120$, $u = 0.9$, $A = 5000$ 和 $B = 2$。

把以上参数代入式（5.4）和式（5.5），可得：

$$P_f^* = \frac{3076.0}{2\sigma^2 + 1.62}$$

$$\Pi_f^* = \frac{1.182722000 \times 10^6}{\sigma^2 + 0.81}$$

对以上两式做最优投产量和最优利润与标准方差的关系图，如图 5-1 和图 5-2 所示。从图 5-1 和图 5-2 可知，最优投产量和最优利润随着标准方差的增加而减少。

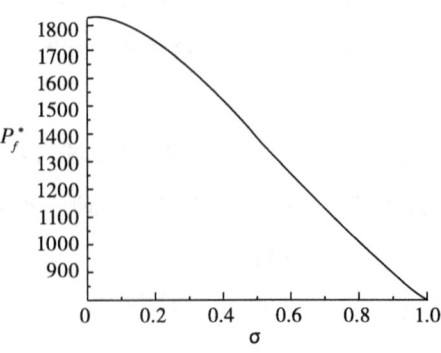

图 5-1　P_f^* 与 σ 的关系

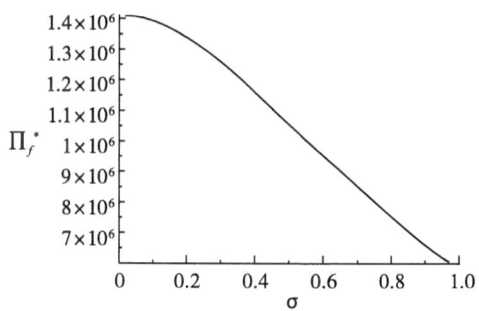

图 5-2 Π_f^* 与 σ 的关系

（2）产品合格率均值敏感性分析。

令 $C = 700$，$C_r = 120$，$\sigma = 0.01$，$A = 5000$ 和 $B = 2$。

把以上参数代入式（5.4）和式（5.5），可得：

$$P_f^* = \frac{5240u - 1640}{2u^2 + 0.0002}$$

$$\Pi_f^* = \frac{1}{8} \frac{(5240u - 1640)^2}{u^2 + 0.0001}$$

对以上两式做最优投产量和最优利润与均值的关系图，如图 5-3 和图 5-4 所示。从图 5-3 和图 5-4 可知，最优投产量随着均值的增加而增加，当均值为 0.3129770992 时，最优投产量为 0；最优利润随着均值的增加先减少后增加，最小值显然为 0，这时均值为 0.3129770992。

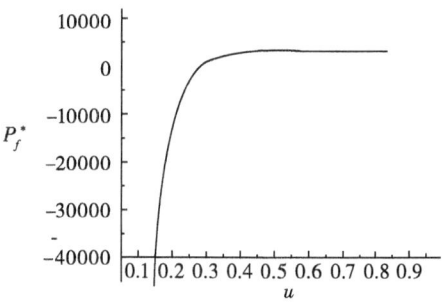

图 5-3 P_f^* 与 u 的关系

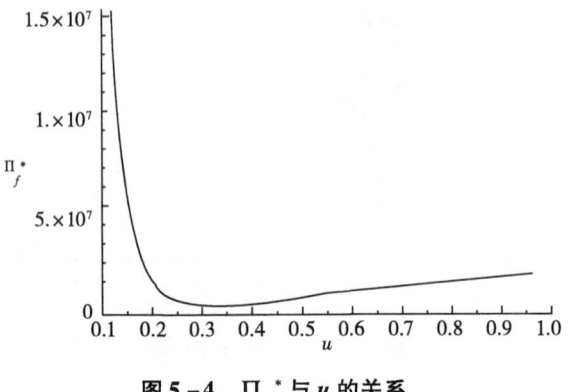

图 5-4　Π_f^* 与 u 的关系

5.2.5 分散决策模型

$$\Pi_d^s = E(P) = E\left[\left(\frac{A}{B} - \frac{Pr_o}{B}\right)Pr_o - wPr_o\right] \quad (5.6)$$

$$\Pi_d^g = E(P) = E[wPr_o - CP - C_r(1 - r_o)P] \quad (5.7)$$

式（5.6）和式（5.7）用积分表示为：

$$\Pi_d^s = \int_a^b \left[\left(\frac{A}{B} - \frac{Pr_o}{B}\right)Pr_o - wPr_o\right]R(r_o)\mathrm{d}r_o \quad (5.8)$$

$$\Pi_d^g = \int_a^b [wPr_o - CP - C_r(1 - r_o)P]R(r_o)\mathrm{d}r_o \quad (5.9)$$

其中，Π_d^s 为销售商利润，Π_d^g 为供应商利润。所以，分散决策利润为：

$$\Pi_d = \Pi_d^s + \Pi_d^g \quad (5.10)$$

命题3：分散决策模型存在最优投产量，设为 P_d^*，它的表达式为：

$$P_d^* = \frac{(A - Bw)u}{2(u^2 + \sigma^2)} \quad (5.11)$$

证明：根据假设（2）可知，销售商向供应商订购，所以分散决策时，最优投产量是逆向求解，即通过销售商利润模型确定最优投产量。因此有：

证明：对式（5.8）求关于 P 的一阶导数有：

$$\frac{\mathrm{d}\Pi_d^s}{\mathrm{d}P} = \int_a^b \left[\left(\frac{A}{B} - \frac{Pr_o}{B} \right) r_o - \frac{Pr_o^2}{B} - wr_o \right] R(r_o) \mathrm{d}r_o$$

令上式等于 0，解 P 有：

$$P = \frac{(A - Bw)\int_a^b r_o R(r_o) \mathrm{d}r_o}{2\int_a^b R(r_o) r_o^2 \mathrm{d}r_o}$$

因为 $\int_a^b r_o R(r_o) \mathrm{d}r_o = u$ 和 $\int_a^b R(r_o) r_o^2 \mathrm{d}r_o = u^2 + \sigma^2$，所以有：

$$P = \frac{(A - Bw)u}{2(u^2 + \sigma^2)}$$

又因为对式（5.8）求关于 P 的二阶导数有：$-\frac{u^2 + \sigma^2}{2B} < 0$，根据极值定理可知命题 3 成立。

命题 3 结论：在分散决策中，最优投产量随着市场潜在需求增加而增加，随着价格弹性系数、合格率标准方差的增加而减少。

把式（5.11）代入式（5.8）可得销售商最优利润为：

$$\Pi_d^{s*} = \int_a^b \left[\left(\frac{A}{B} - \frac{\frac{(A-Bw)u}{2(u^2+\sigma^2)} r_o}{B} \right) r_o - w \right] \frac{(A-Bw)u}{2(u^2+\sigma^2)} R(r_o) \mathrm{d}r_o$$

对上式进一步化简可得：

$$\Pi_d^{s*} = \frac{1}{4} \frac{u(A - Bw)}{B(u^2 + \sigma^2)^2} f_2$$

其中：

$$f_2 = \int_a^b (-2B\sigma^2 wr_o - 2Bu^2 wr_o + Buwr_o^2 + 2A\sigma^2 r_o + 2Au^2 r_o - Aur_o^2) R(r_o) \mathrm{d}r_o$$

因为 $\int_a^b r_o R(r_o) \mathrm{d}r_o = u$ 和 $\int_a^b R(r_o) r_o^2 \mathrm{d}r_o = u^2 + \sigma^2$，所以有：

$$f_2 = [-2B\sigma^2 wu - 2Bu^2 wu + Buw(u^2 + \sigma^2) + 2A\sigma^2 u + 2Au^2 u - Au(u^2 + \sigma^2)]$$
$$= u(u^2 + \sigma^2)(-Bw + A)$$

因此，销售商最优利润为：

$$\Pi_d^{s*} = \frac{1}{4} \frac{[(A-Bw)u]^2}{B(u^2+\sigma^2)} \quad (5.12)$$

命题4：若 $(A-Bw)>0$，那么分散决策销售商最优利润随着市场潜在需求 A 和产品合格率均值 u 的增加而增加，随着产品合格率标准方差 σ 和价格弹性系数 B 的增加而减少。

证明：因为分散决策销售商最优利润对市场潜在需求 A、产品合格率均值 u、产品合格率标准方差 σ 和价格弹性系数 B 的导数分别为：

$$\frac{d\Pi_d^{*s}}{dA} = \frac{1}{2} \frac{u^2(A-Bw)}{(u^2+\sigma^2)B} > 0$$

$$\frac{d\Pi_d^{*s}}{du} = \frac{1}{2} \frac{u(A-Bw)^2\sigma^2}{(u^2+\sigma^2)^2 B} > 0$$

$$\frac{d\Pi_d^{s*}}{d\sigma} = -\frac{1}{2} \frac{u^2(A-Bw)^2\sigma}{B(u^2+\sigma^2)^2} < 0$$

$$\frac{d\Pi_d^{s**}}{dB} = -\frac{1}{4} \frac{u^2(A-Bw)(Bw+A)}{B(u^2+\sigma^2)^2} < 0$$

所以命题4成立。

把式（5.11）代入式（5.9）可得供应商最优利润为：

$$\Pi_d^{g*} = \int_a^b [wr_o - C - C_r(1-r_o)] \frac{(A-Bw)u}{2(u^2+\sigma^2)} R(r_o) dr_o \quad (5.13)$$

因为 $\int_a^b R(r_o) dr_o = 1$，$\int_a^b r_o R(r_o) dr_o = u$ 和 $\int_a^b R(r_o) r_o^2 dr_o = u^2+\sigma^2$，所以有：

$$\Pi_d^{g*} = [wu - C - C_r(1-u)] \frac{(A-Bw)u}{2(u^2+\sigma^2)} \quad (5.14)$$

把式（5.12）和式（5.14）相加可得分散决策时供应链最优利润为：

$$\Pi_d^* = \frac{1}{4} \frac{[(A-Bw)u]^2}{B(u^2+\sigma^2)} + [wu - C - C_r(1-u)] \frac{(A-Bw)u}{2(u^2+\sigma^2)} =$$

$$\frac{1}{4} \frac{[((w+2C_r)u - 2C - 2C_r)B + Au]u(A-Bw)}{(u^2+\sigma^2)B} \quad (5.15)$$

(1) 产品合格率标准方差敏感性分析。

令 $w = 1000$，$u = 0.9$，$A = 5000$ 和 $B = 2$。

把以上参数代入式（5.11）和式（5.12），可得：

$$P_d^* = \frac{1350}{\sigma^2 + 0.81}$$

$$\Pi_d^{s*} = \frac{9.1125 \times 10^5}{\sigma^2 + 0.81}$$

对以上两式做最优投产量和最优利润与标准方差的关系图，如图 5-5 和图 5-6 所示。从图 5-5 和图 5-6 可知，最优投产量和最优利润随着标准方差的增加而减少。

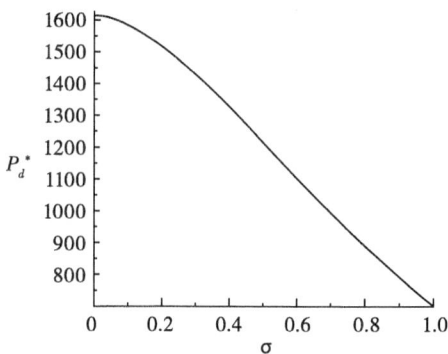

图 5-5　P_d^* 与 σ 的关系

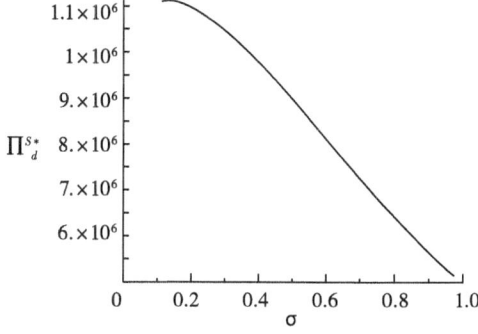

图 5-6　Π_d^{s*} 与 σ 的关系

(2) 产品合格率均值敏感性分析。

令 $w=1000$，$\sigma=0.01$，$A=5000$ 和 $B=2$。

把以上参数代入式（5.11）和式（5.12）可得：

$$P_d^* = \frac{1500u}{u^2 + 0.0001}$$

$$\Pi_d^{s*} = \frac{1125000u^2}{u^2 + 0.0001}$$

对以上两式做最优投产量和最优利润与均值的关系图，如图 5-7 和图 5-8 所示。从图 5-7 和图 5-8 可知，最优投产量随着均值的增加先增加后减少，当均值为 0.01 时，最优投产量可取最大值为 75000；最优利润随着均值的增加而增加，但是，当均值大于 0.1 后，最优利润增加量不大。

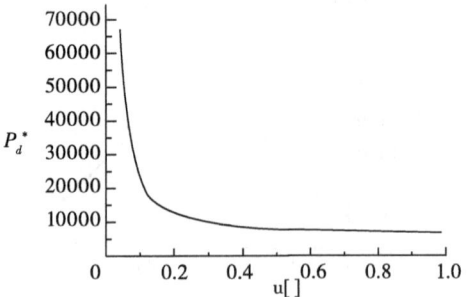

图 5-7　P_d^* 与 u 的关系

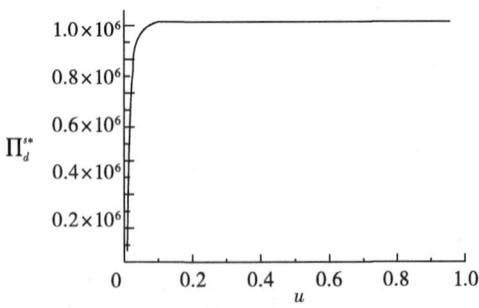

图 5-8　Π_d^{s*} 与 u 的关系

5.3 集中与分散模型比较分析

设 r_o 服从均匀分布,则有:

$$R(r_o) = \begin{cases} \dfrac{1}{b-a} & a \leqslant r_o \leqslant b \\ 0 & \text{others} \end{cases} \quad (5.16)$$

其中均匀分布的均值 $u = (A+B)/2$ 和方差 $\sigma^2 = (b-a)^2/12$。

把式 (5.16) 代入式 (5.3),可得:

$$\Pi_f = -\frac{P^2(b^2+a^2+ab)}{3B} + \frac{\left(\dfrac{AP}{B}+C_rP\right)(b+a)}{2} - (C_r+C)P \quad (5.17)$$

根据命题 1 可得集中决策最优投产量为:

$$P_f^* = \frac{3(aC_r+bC_r-2C-2C_r)B+3A(a+b)}{4(a^2+ab+b^2)} \quad (5.18)$$

这时把式 (5.18) 代入式 (5.17) 可得集中决策最优利润为:

$$\Pi_f^* = \frac{3}{16} \frac{[(C_r(b+a)-2(C_r+C))B+A(b+a)]^2}{(b^2+a^2+ab)B} \quad (5.19)$$

把式 (5.16) 代入式 (5.8) 和式 (5.9),可得:

$$\Pi_d^s = -\frac{P^2(b^2+a^2+ab)}{3B} + \frac{\left(\dfrac{AP}{B}+wP\right)(b+a)}{2} \quad (5.20)$$

$$\Pi_d^g = \left[\frac{(w+C_r)(b+a)}{2} - (C_r+C)\right]P \quad (5.21)$$

根据命题 2 可得分散决策最优投产量为:

$$P_d^* = \frac{3}{4} \frac{(a+b)(A-Bw)}{a^2+ab+b^2} \quad (5.22)$$

把式 (5.22) 代入式 (5.20) 和式 (5.21) 可得分散决策时销售商和供应商最优利润,它们是:

$$\Pi_d^{s\,*} = \frac{3}{16} \frac{(b+a)^2(A-wB)^2}{(b^2+a^2+ab)B} \quad (5.23)$$

$$\Pi_d^{g\,*} = \frac{3}{4}\left[\frac{(w+C_r)(b+a)}{2} - (C_r+C)\right]\frac{(a+b)(A-Bw)}{a^2+ab+b^2} \quad (5.24)$$

所以得分散决策最优利润：

$$\Pi_d^* = \frac{3}{16}\frac{(A-Bw)(b+a)\{[(w+2C_r)(b+a)-4(C_r+C)]B+A(b+a)\}}{(a^2+ab+b^2)B}$$

$$(5.25)$$

这时，用集中决策利润减去分散决策利润，化简可得：

$$\Pi_f^* - \Pi_d^* = \frac{3}{4}\frac{\left[-\frac{1}{2}(w+C_r)(b+a)+C_r+C\right]^2 B}{a^2+ab+b^2} \geq 0 \quad (5.26)$$

式（5.26）表明集中决策所得的最优利润大于等于分散决策所得的最优利润。

5.3.1 集中决策投产量敏感性分析

令 $C=700$，$C_r=120$，$r_o \sim U[0.8,1]$，$A=5000$ 和 $B=2$。

把以上参数代入式（5.17），化简可得：

$$\Pi_f = -0.4066666667P^2 + 1538P \quad (5.27)$$

根据式（5.18）可得集中决策最优投产量为 $P_f^* = 1891$。

这时把 $P_f^* = 1891$ 代入式（5.27）可得集中决策最优利润为 1.45×10^6。

为了弄清集中决策利润与投产量的关系，根据式（5.27）作 Π_f 与 P 的关系图，如图 5-9 所示。从图 5-9 可知，集中决策利润随着投产量的增加，先增加后减少，存在最优的投产量。

第5章 不确定产出供应链投产量决策

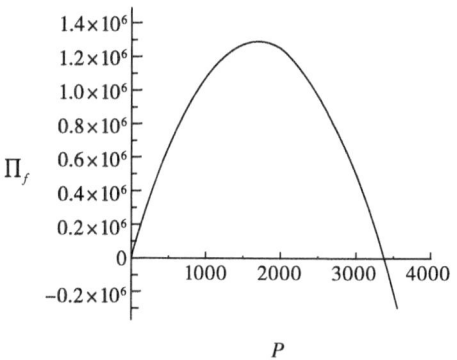

图 5-9 Π_f 与 P 的关系

5.3.2 分散决策批发价敏感性分析

把 $C = 700$，$C_r = 120$，$r_o \sim U[0.8, 1]$，$A = 5000$ 和 $B = 2$ 代入式 (5.22) 可得分散决策最优投产量为：

$$P_d^* = 2766.393442 - 1.106557377w \tag{5.28}$$

把上式，以及 $C = 700$，$C_r = 120$，$r_o \sim U[0.8, 1]$，$A = 5000$ 和 $B = 2$ 代入式 (5.23)、式 (5.24) 和式 (5.25)，可得分散决策时销售商、供应商和供应链的最优利润，它们分别是：

$$\Pi_d^{t\,*} = 3.112192623 \times 10^6 - 2489.754098w + 0.4979508195w^2 \tag{5.29}$$

$$\Pi_d^{g\,*} = 3277.622950w - 0.9959016393w^2 - 1.969672130 \times 10^6 \tag{5.30}$$

$$\Pi_d^* = 1.142520493 \times 10^6 + 787.868852w - 0.4979508198w^2 \tag{5.31}$$

由式 (5.30) 和式 (5.31) 可得供应商最优批发价和最优利润为 1646，7.3×10^5，供应链最优批发价和最优利润为 791，1.45×10^6。

为了弄清分散决策时销售商、供应商和供应链的最优利润与批发价的关系，根据式 (5.29)、式 (5.30) 和式 (5.31) 作 $\Pi_d^{t\,*}$、$\Pi_d^{g\,*}$、Π_d^* 和 w 的关系图，如图 5-10 所示。从图 5-10 可知，分散决策时，销售商最优利润随着批发价的增加而减少，然后增加，存在一个最小的利润；供应商和供应链最优利润随着批发价的增加而增加,然后减少,存在一个最大的利润。因此,我们可以从供应商和供应链的角度求得最优的批发价格。接下来我们会对此进行证明。

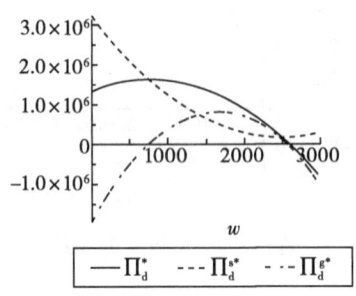

图5–10 Π_d^{u*},Π_d^{g*},Π_d^* 与 w 的关系

5.4 分散模型批发价决策

5.4.1 供应商角度批发价决策

命题5:在分散决策模型中,若从供应商的角度考虑,存在最优的批发价,它的表达式为:

$$w_g^* = \frac{(-BC_r + A)u + B(C + C_r)}{2Bu} \tag{5.32}$$

证明:对式(5.14)求关于 w 的一阶导数有:

$$\frac{d\Pi_d^{g*}}{dw} = \frac{uB(-uw - uC_r + C + C_r)}{2\sigma^2 + 2u^2} + \frac{u^2(-Bw + A)}{2\sigma^2 + 2u^2}$$

令上式等于0,有:

$$w = \frac{(-BC_r + A)u + B(C + C_r)}{2Bu}$$

这时设 $w_g^* = w$。又因为对式(5.14)求关于 w 的二阶导数有: $-\frac{u^2 B}{u^2 + \sigma^2} < 0$,根据极值定理可知命题5成立。

命题5结论:在分散决策模型中,若从供应商的角度考虑,最优批发价随着市场潜在需求、生产成本的增加而增加，随着价格弹性系数、合格率均值的增加而减少。

把 w_g^* 代入式（5.14）可得从供应商角度决策批发价时供应商最优利润为：

$$\Pi_{d,wg}^{g\ *} = \left[\frac{(-BC_r+A)u+B(C+C_r)}{2Bu}u - C - C_r(1-u)\right]\frac{\left[A-B\frac{(-BC_r+A)u+B(C+C_r)}{2Bu}\right]u}{2(u^2+\sigma^2)}$$

$$= \frac{1}{8}\frac{[B((u-1)C_r-C)+Au]^2}{B(u^2+\sigma^2)} = \frac{1}{2}\Pi_f^* \quad (5.33)$$

把 w_g^* 代入式（5.12）可得从供应商角度决策批发价时销售商利润为：

$$\Pi_{d,wg}^{s\ *} = \frac{1}{4}\frac{\left[\left(A-B\frac{(-BC_r+A)u+B(C+C_r)}{2Bu}\right)u\right]^2}{B(u^2+\sigma^2)}$$

$$= \frac{1}{16}\frac{[B((u-1)C_r-C)+Au]^2}{B(u^2+\sigma^2)} = \frac{1}{4}\Pi_f^* \quad (5.34)$$

根据式（5.33）和式（5.34）可得从供应商角度决策批发价时供应链利润为：

$$\Pi_{d,wg}^* = \frac{3}{4}\Pi_f^* \quad (5.35)$$

从式（5.35）可知，如果仅从供应商角度决策批发价不能使供应链整体利润最大化。

5.4.2 供应链角度批发价决策

命题6：在分散决策模型中，若从供应链的角度考虑，存在最优的批发价，它的表达式为：

$$w^* = \frac{C+C_r(1-u)}{u} \quad (5.36)$$

证明：对式（5.15）求关于 w 的一阶导数有：

$$\frac{d\Pi_d}{dw} = \frac{uB(-uw - uC_r + C + C_r)}{2(\sigma^2 + u^2)} + \frac{u^2(A - Bw)}{2(\sigma^2 + u^2)} - \frac{u^2(A - Bw)}{2(\sigma^2 + u^2)}$$

令上式等于0，解 w 有：

$$w = \frac{C + C_r(1 - u)}{u}$$

又因为对式（5.15）求关于 w 的二阶导数有：$-\frac{1}{2}\frac{u^2 B}{(u^2 + \sigma^2)} < 0$，根据极值定理可知命题6成立。

命题6结论：在分散决策模型中，若从供应链的角度考虑，最优批发价随着产品不合格单位处理成本、生产成本的增加而增加，随着合格率均值的增加而减少。

从命题5和命题6可知：在分散决策中，无论是从供应链角度，还是从供应商角度看，最优批发价都随着生产成本的增加而增加，随着合格率均值的增加而减少。

把 w^* 代入式（5.15）可得从供应链角度决策批发价时供应链最优利润为：

$$\Pi_{d,w}^* = \frac{1}{4}\frac{\left[\left(\left(\frac{C + C_r(1-u)}{u} + 2C_r\right)u - 2C - 2C_r\right)B + Au\right]u\left(A - B\frac{C + C_r(1-u)}{u}\right)}{(u^2 + \sigma^2)B}$$

$$= \frac{1}{4}\frac{[B((u-1)C_r - C) + Au]^2}{B(u^2 + \sigma^2)} = \Pi_f^* \quad (5.37)$$

把 w^* 代入式（5.12）可得从供应链角度决策批发价时销售商利润为：

$$\Pi_{d,w}^{s*} = \frac{1}{4}\frac{\left[\left(A - B\frac{C + C_r(1-u)}{u}\right)u\right]^2}{B(u^2 + \sigma^2)} = \frac{1}{4}\frac{[B((u-1)C_r - C) + Au]^2}{B(u^2 + \sigma^2)} = \Pi_f^*$$

$$(5.38)$$

把 w^* 代入式（5.14）可得从供应链角度决策批发价时供应商利润为：

$$\Pi_{d,w}^{g*} = \left[\frac{C + C_r(1-u)}{u}u - C - C_r(1-u)\right]\frac{\left(A - B\frac{C + C_r(1-u)}{u}\right)u}{2(u^2 + \sigma^2)} = 0$$

$$(5.39)$$

从式（5.37）、式（5.38）和式（5.39）可知，虽然从供应链的角度决策批发价可以得到最优的利润，且利润刚好为集中决策时的利润，但是供应商的利润却为0，销售商的利润刚好等于整个供应链的利润，这说明了利润分配不合理，在实践中是很难实施的。为此，接下来有必要研究一下在取得最大利润后，如何分配利润才能使得供应链获得最大利润，销售商和供应商可以双赢。

5.4.3 供应链协调

设 λ 为利润分配系数，考虑销售商和供应商分配的利润不低于从供应商角度决策批发价得到的利润，构建利润协调模型为：

$$\begin{cases} \Pi_d^g = \lambda \Pi_f^* \geqslant \Pi_{d,wg}^{g\,*} \\ \Pi_d^s = (1-\lambda) \Pi_f^* \geqslant \Pi_{d,wg}^{s\,*} \end{cases} \quad (5.40)$$

或

$$\begin{cases} \Pi_d^g = \lambda \Pi_{d,w}^* \geqslant \Pi_{d,wg}^{g\,*} \\ \Pi_d^s = (1-\lambda) \Pi_{d,w}^* \geqslant \Pi_{d,wg}^{s\,*} \end{cases} \quad (5.41)$$

式（5.40）中，第一个不等式表示供应商得到的供应链利润大于等于从供应商角度决策批发价得到的利润；第二个不等式表示销售商得到的供应链利润大于等于从供应商角度决策批发价得到的利润。

解式（5.41）可得利润分配系数 λ 的取值范围为：[1/2，3/4]。λ 取值取决于销售商和供应商在供应链的地位，如果供应商处于供应链中的核心位置，则 λ 取值接近3/4，否则，λ 取值接近1/2。

在 λ 的取值范围内，供应商的利润始终大于等于销售商的利润，这是因为我们考虑利润分配时，考虑销售商和供应商分配的利润不低于从供应商角度决策批发价得到的利润，决策权在于供应商。

5.4.4 敏感性分析

（1）产品合格率敏感性分析。

令 $C=700$，$C_r=120$，$A=5000$ 和 $B=2$。

把以上参数代入式（5.32）和式（5.36），可得：

$$w_g^* = \frac{1640 + 4760u}{4u}$$

$$w^* = \frac{820 - 120u}{u}$$

对以上两式做批发价与合格率均值的关系图，如图 5-11 所示。

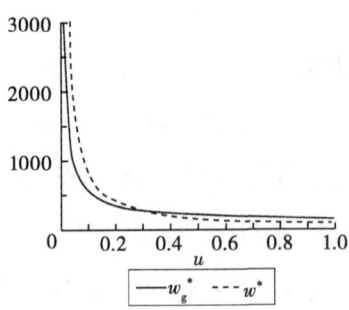

图 5-11 w_g^*，w^* 与 u 的关系

从图 5-11 可知，w_g^*，w^* 随着均值的增加而减少，当 $0 \leq u \leq 41/131$ 时，$w_g \leq w_g^*$；当 $u \geq 41/131$ 时，$w_g^* \geq w_g$；同时，根据式（5.32）和式（5.36）可知，批发价与标准方差不相关。

（2）成本敏感性分析。

令 $C = 700$，$u = 0.9$，$A = 5000$ 和 $B = 2$。

把以上参数代入式（5.32）和式（5.36）有：

$w_g^* = 0.05555555555 C_r + 1638.888888$

$w^* = 0.1111111111 C_r + 777.7777777$

对以上两式作批发价与不合格产品单位处理成本的关系图，如图 5-12 所示。从图 5-12 可知，w_g^*，w^* 随着不合格产品单位处理成本的增加而增加，当 $0 \leq C_r \leq 15500$ 时，$w_g^* \geq w_g$；当 $C_r \geq 15500$ 时，$w_g \geq w_g^*$。

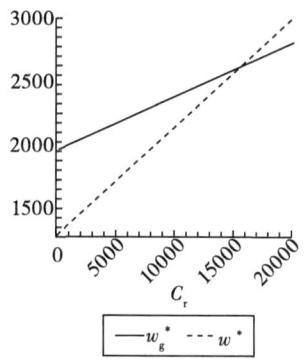

图 5-12 w_g^*，w^* 与 C_r 的关系

令 $C_r = 120$，$u = 0.9$，$A = 5000$ 和 $B = 2$。

把以上参数代入式（5.32）和式（5.36），可得：

$w_g^* = 1256.666666 + 0.5555555555C$

$w^* = 13.33333333 + 1.111111111C$

对以上两式做批发价与生产成本的关系图，如图 5-13 所示。从图 5-13 可知，w_g^*，w^* 随着生产成本的增加而增加，当 $0 \leq C \leq 2238$ 时，$w_g^* \geq w^*$；当 $C \geq 2238$ 时，$w^* \geq w_g^*$。

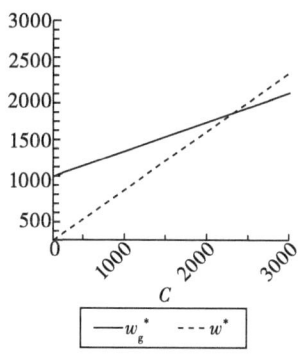

图 5-13 w_g^*，w^* 与 C 关系

（3）利润分配系数敏感性分析。

令 $C = 700$，$C_r = 120$，$u = 0.9$，$\sigma = 0.01$，$A = 5000$ 和 $B = 2$。

把以上参数代入式（5.37），可得：

$$\Pi_{d,w}^* = \frac{1}{4} \frac{[B((u-1)C_r - C) + Au]^2}{B(u^2 + \sigma^2)} =$$

$$\frac{1}{4} \frac{[(0.9 \times 120 - 700 - 120) \times 2 + 5000 \times 0.9]^2}{2 \times (0.01^2 + 0.9^2)} = 1.46 \times 10^6$$

(5.42)

根据式（5.41）可作供应商和销售商的利润与利润分配系数的关系图，如图5-14所示。从图5-14可知，供应商利润随着利润分配系数的增加而增加，销售商利润随着利润分配系数的增加而减少，且供应商和销售商的利润之和一直为1.46×10^6，以及供应商的利润始终大于等于销售商的利润。

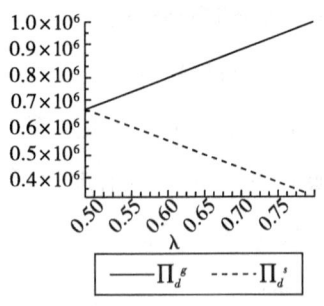

图5-14　Π_d^t，Π_d^g与λ的关系

5.5　算例

某一衣服的市场容量为10000件，其价格弹性系数为3。生产该衣服的生产成本为800元/件，由于受衣服原材料、工艺以及生产过程中的多种不确定因素影响，会出现不合格产品，其处理成本为80元/件，通过历史数据统计分析可知产品的合格率服从正态分布，其均值为0.95，标准方差为0.05。问：第一，销售商根据市场需求向供应商订购衣服，当衣服批发价为1000元/件时，供应商计划投产多少件衣服才能使得销售商取得最优

的利润？若从供应商的最优利润角度考虑，最优的批发价是多少？若从供应链的最优利润角度考虑，最优的批发价又是多少？如何合理分配利润？第二，当供应商和销售商采用供应链集中决策时，计划投产多少件衣服才可以取得最优的利润？

（1）根据题意有：$C = 800$ 元/件，$C_r = 80$ 元/件，$w = 1000$ 元/件，$r_o \sim N(0.95, 0.05)$，$A = 10000$ 件和 $B = 3$。

1）把 $w = 1000$ 元/件，$u = 0.95$，$\sigma = 0.05$，$A = 10000$ 件和 $B = 3$ 代入式（5.11）和式（5.12），可得最优的计划投产量和销售商的利润分别为：

$$P_d^* = \frac{(A - Bw)u}{2(u^2 + \sigma^2)} = \frac{(10000 - 3 \times 1000) \times 0.95}{2(0.95^2 + 0.05^2)} = 3674 \text{（件）}$$

$$\Pi_d^{s\,*} = \frac{1}{4} \frac{[(A - Bw)u]^2}{B(u^2 + \sigma^2)} = \frac{1}{4} \frac{[(10000 - 3 \times 1000) \times 0.95]^2}{3(0.95^2 + 0.05^2)} = 4.07 \times 10^6 \text{（元）}$$

把 $C = 800$ 元/件，$C_r = 80$ 元/件，$w = 1000$ 元/件，$u = 0.95$，$\sigma = 0.05$，$A = 10000$ 件和 $B = 3$ 代入式（5.14），可得供应商的利润为：

$$\Pi_d^{g\,*} = [wu - C - C_r(1 - u)]\frac{(A - Bw)u}{2(u^2 + \sigma^2)} =$$

$$[1000 \times 0.95 - 800 - 80 \times (1 - 0.95)]\frac{(10000 - 3 \times 1000) \times 0.95}{2(0.95^2 + 0.05^2)} =$$

$$0.54 \times 10^6 \text{（元）}$$

所以分散决策供应链总的利润为 4.61×10^6 元。

为了进一步弄清楚在分散决策时，供应商、销售商和供应链的利润与投产量的关系，把 $C = 800$ 元/件，$C_r = 80$ 元/件，$w = 1000$ 元/件，$r_o \sim N(0.95, 0.05)$，$A = 10000$ 件和 $B = 3$ 代入式（5.8）、式（5.9）和式（5.10），化简可得：

$$\Pi_d^s = -0.0002350789931P(1283.256588P - 9.429454487 \times 10^6) \tag{5.43}$$

$$\Pi_d^g = 146P \tag{5.44}$$

$$\Pi_d = 146P - 0.0002350789931P(1283.256588P - 9.429454487 \times 10^6)$$

(5.45)

对式 (5.43)，式 (5.44) 和式 (5.45) 可作 Π_d^s，Π_d^g 和 Π_d 与 P 的关系图，如图 5-15 所示。从图 5-15 可知，销售商和供应链的利润随着投产量的增加先增加后减少，存在最优的利润。

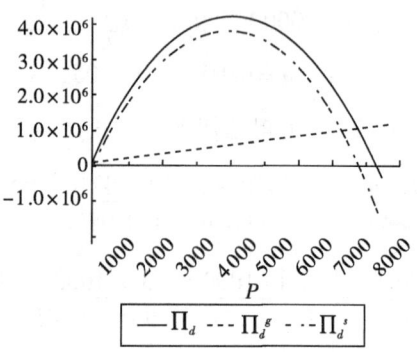

图 5-15　Π_d^s，Π_d^g，Π_d 与 P 的关系

2) 把 $C = 800$ 元/件，$C_r = 80$ 元/件，$u = 0.95$，$\sigma = 0.05$，$A = 10000$ 件和 $B = 3$ 代入式 (5.32)，可得从供应商的最优利润角度考虑，最优的批发价为：

$$w^* = \frac{(-BC_r + A)u + B(C + C_r)}{2Bu} =$$

$$\frac{(10000 - 3 \times 80) \times 0.95 + 3 \times (800 + 80)}{2 \times 3 \times 0.95} = 2090 \,(元)$$

把 $C = 800$ 元/件，$C_r = 80$ 元/件，$u = 0.95$，$\sigma = 0.05$，$A = 10000$ 件和 $B = 3$ 代入 (5.33)、式 (5.34) 和式 (5.35) 可得供应商、销售商和供应链的利润分别为：

$$\Pi_{d,wg}^g{}^* = \frac{1}{8}\frac{[B((u-1)C_r - C) + Au]^2}{B(u^2 + \sigma^2)} =$$

$$\frac{1}{8}\frac{[3((0.95-1) \times 80 - 800) + 10000 \times 0.95]^2}{3(0.95^2 + 0.05^2)} = 2.313 \times 10^6 \,(元)$$

$$\Pi_{d,wg}^{s}{}^* = \frac{1}{16}\frac{[B((u-1)C_r - C) + Au]^2}{B(u^2 + \sigma^2)} =$$

$$\frac{1}{16}\frac{[3((0.95-1)\times 80 - 800) + 10000\times 0.95]^2}{3(0.95^2 + 0.05^2)} = 1.157\times 10^6(元)$$

$$\Pi_{d,wg}^{*} = \frac{3}{16}\frac{[B((u-1)C_r - C) + Au]^2}{B(u^2 + \sigma^2)} =$$

$$\frac{3}{16}\frac{[3((0.95-1)\times 80 - 800) + 10000\times 0.95]^2}{3(0.95^2 + 0.05^2)} = 3.470\times 10^6(元)$$

为了进一步弄清楚在分散决策时,利润与批发价的关系,把 $u=0.95$,$\sigma=0.05$,$A=10000$ 件和 $B=3$ 代入式 (5.11),可得分散决策时从供应商角度最优投产量关于批发价的函数为:

$$P_d^* = -1.574585636w + 5248.618785(件) \tag{5.46}$$

这时把式 (5.46),$C=800$ 元/件,$C_r=80$ 元/件,$r_o\sim N(0.95,0.05)$,$A=10000$ 件和 $B=3$ 代入式 (5.8)、式 (5.9) 和式 (5.10),化简可得:

$$\Pi_d^s = 0.7479281768w^2 - 4986.187845w + 8.310313076\times 10^6 \tag{5.47}$$

$$\Pi_d^g = -1.495856354w^2 + 6252.154697w - 4.219889503\times 10^6 \tag{5.48}$$

$$\Pi_d = -0.7479281772w^2 + 1265.966852w + 4.090423573\times 10^6 \tag{5.49}$$

对式 (5.47),式 (5.48) 和式 (5.49) 作 Π_d^s,Π_d^g 和 Π_d 与 w 的关系图。如图 5-16 所示。

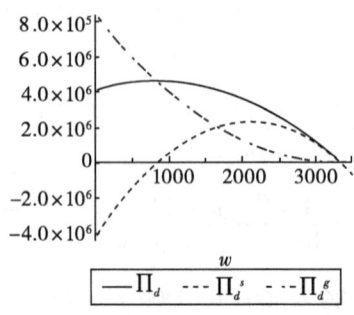

图 5-16 Π_d^s, Π_d^g, Π_d 与 w 的关系

从图 5-16 可知，供应商和供应链的利润随着批发价的增加先增加后减少，存在最大的利润；销售商的利润随着批发价的增加先减少后增加，存在最小的利润。

把 $C = 800$ 元/件，$C_r = 80$ 元/件，$u = 0.95$ 代入式 (5.36)，可得从供应链利润角度考虑最优的批发价为：

$$w^* = \frac{C + C_r(1-u)}{u} = \frac{800 + 80 \times (1 - 0.95)}{0.95} = 846 \text{（元)}$$

把 $C = 800$ 元/件，$C_r = 80$ 元/件，$u = 0.95$，$\sigma = 0.05$，$A = 10000$ 件和 $B = 3$ 代入式 (5.37)、式 (5.38) 和式 (5.39)，可得供应链，销售商和供应商的利润为：

$$\Pi_{d,w}^* = \frac{1}{4} \frac{[B((u-1)C_r - C) + Au]^2}{B(u^2 + \sigma^2)} =$$

$$\frac{1}{4} \frac{[3((0.95 - 1) \times 80 - 800) + 10000 \times 0.95]^2}{3 \times (0.95^2 + 0.05^2)} = 4.626 \times 10^6 \text{（元)}$$

$$\Pi_{d,w}^{s\,*} = \frac{1}{4} \frac{[B((u-1)C_r - C) + Au]^2}{B(u^2 + \sigma^2)} =$$

$$\frac{1}{4} \frac{[3((0.95 - 1) \times 80 - 800) + 10000 \times 0.95]^2}{3 \times (0.95^2 + 0.05^2)} = 4.626 \times 10^6 \text{（元)}$$

$$\Pi_{d,w}^{g\,*} = \left[\frac{C + C_r(1-u)}{u} u - C - C_r(1-u) \right] \frac{\left(A - B\frac{C + C_r(1-u)}{u} \right) u}{2(u^2 + \sigma^2)} =$$

$$0 \times \frac{\left(10000 - 3\dfrac{800 + 80 \times (1 - 0.95)}{0.95}\right) \times 0.95}{2(0.95^2 + 0.05^2)} = 0 \text{（元）}$$

由以上计算可知,销售商的利润等于整个供应链的利润,而供应商的利润为0,是不合理的。所以我们需要对整个供应链的利润进行重新分配。根据式(5.41)可得销售商和供应商的利润分配为:

$$\begin{cases} \Pi_d^g = \lambda \times 4.626 \times 10^6 \geqslant 2.313 \times 10^6 \\ \Pi_d^s = (1 - \lambda) \times 4.626 \times 10^6 \geqslant 1.157 \times 10^6 \end{cases}$$

解上式可得 λ 的取值范围为:[1/2, 3/4]。若销售商在供应链中具有较大的影响力,则 $\lambda = 1/2$,则它们的利润相同,为 2.313×10^6 元;若供应商在供应链中具有较大的影响力,则 $\lambda = 3/4$,则供应商和销售商的利润分别为 2.469×10^6 元和 1.157×10^6 元。他们的利润分配方案如图5-17所示。

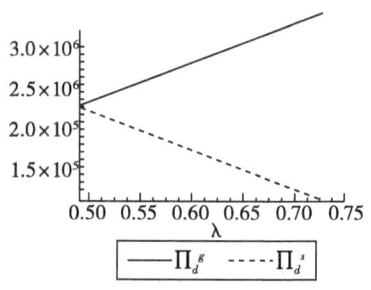

图5-17 Π_d^s,Π_d^g 与 λ 的关系

(2) 把 $C = 800$ 元/件,$C_r = 80$ 元/件,$r_o \sim N(0.95, 0.05)$,$A = 10000$ 件和 $B = 3$ 代入式(5.3),化简可得:

$$\Pi_f = -0.0002350789931P(1283.256588P - 1.005052232 \times 10^7)$$

对上式可作 Π_f 与 P 的关系图,如图5-18所示。从图5-18可知,供应商的利润随着投产量的增加先增加后减少,存在最优的利润。

根据命题1可得制造商投产量为:

$$P_f^* = \frac{(A + BC_r)u - B(C + C_r)}{2(u^2 + \sigma^2)} =$$

$$\frac{(10000 + 3 \times 80) \times 0.95 - 3 \times (800 + 80)}{2(0.95^2 + 0.05)} = 3916 \text{（件）}$$

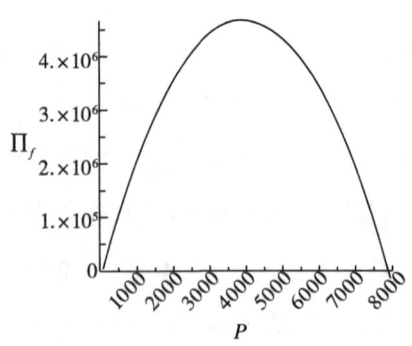

图 5-18 Π_f 与 P 的关系

把 $P_f^* = 3916$ 件代入式 (5.3) 可得最优的利润为 4.626×10^6 元。

最后，我们可以通过以上计算得出集中与分散决策的比较分析，如表 5-1 所示。

表 5-1 集中与分散决策比较分析

	销售商利润（元）	制造商利润（元）	供应链利润（元）
$P_d^* = 3674$ 件	4.07×10^6	0.54×10^6	4.61×10^6
$P_f^* = 3916$ 件	—	—	4.626×10^6
$w_g^* = 2090$ 元	1.157×10^6	2.313×10^6	3.470×10^6
$w^* = 846$ 元	4.626×10^6	0	4.626×10^6
$\lambda = 1/2$	2.313×10^6	2.313×10^6	4.626×10^6
$\lambda = 3/4$	1.157×10^6	2.469×10^6	4.626×10^6

5.6 本章小结

通过算例可知，集中决策的利润优于分散决策的利润（集中利润为 4.626×10^6 元，分散决策利润为 4.61×10^6 元），以及集中决策的投产量多于分散决策的投产量（集中决策投产量为 3916 件，分散决策投产量为 3674 件）。在分散决策时，虽然从供应链的角度决策批发价得到的供应链利润等于销售商的利润，也等于集中决策时供应链的利润，优于从供应商的角度决策,但是却使得供应商的利润为0。

基于从供应链的角度决策批发价利润分配不合理,考虑销售商和供应商分配的利润不低于从供应商角度决策批发价得到的利润,构建了利润协调模型,得到了利润分配系数 λ 的取值范围,这有效解决了利润分配不合理的现象。

在以市场为中心的经济环境下,大部分情况的决策主动权掌握在销售商手中,所以销售商不一定为了整个供应链利润的最大化而牺牲自己的部分利润。因此,以销售商为核心的供应链协调将是未来我们研究的方向。

第6章 不确定产出闭环供应链投产量决策

6.1 引言

当前，随着人类产生垃圾的增加，人类生存受到严重的威胁，人们逐渐意识到环保的重要性。企业通过向消费者回收旧产品，一方面可以增加社会效益（减少垃圾的生产，实现绿色生产），另一方面也可以提高自身的利润，对我国经济的可持续发展具有重要的影响和意义。

本章的不确定产出闭环供应链投产量决策是在第5章的不确定产出供应链投产量决策研究基础上进行的。本章基于产出的不确定性和旧产品的回收，考虑供应商供应、销售商出售和回收，建立起以投产量和消费者回收价为决策变量的闭环供应链集中和分散两种模型。通过模型的分析可知，它们都存在着联合最优投产量和最优消费者回收价，证明了在闭环供应链集中决策下，最优投产量比一般性的供应链少；在闭环供应链分散决策下，最优投产量和最优批发价与一般性供应链相等。

6.2 模型的建立

6.2.1 问题描述和假设

根据回收对象的不同，闭环供应链可分为三类：①供应商供应，销售商出售，销售商回收；②供应商供应，销售商出售，供应商回收；③供应商供应，销售商出售，第三方回收。本书针对第一类展开研究。其过程为：供应商以批发价 w 向销售商供应产品，以回收价 d_m 回收销售商回收的旧产品，供应商对回收的旧产品进行再生产加工处理，再生产加工单位成本为 C_m，然后以价格 p_m 出售给消费者。销售商以价格 p 把产品出售给消费者，以回收价 d_r 向消费者回收旧产品，回收单位成本为 C_t。其余参数同第 4 章定义。

在这一过程中，我们假设：

（1）市场需求是价格线性函数；

（2）销售商根据市场需求进行订购，供应商按照销售商的订购量进行投产；

（3）为了不影响销售商的销售，供应商在销售商销售完毕后再以价格 p_m 出售回收的产品。

6.2.2 回收函数

考虑销售商回收量是回收价 d_r 的线性函数，构建回收函数为：

$$f(d_r) = H + Kd_r \tag{6.1}$$

其中，H 为旧产品的回收潜力，这主要取决于消费者的环保意识，消费者的环保意识越大，H 就越大。K 为回收价敏感系数。

6.2.3 集中决策模型

在供应链集中决策中，相当于供应商绕过销售商直接销售产品，所以考虑旧产品回收，以投产量为决策变量的闭环供应链集中决策模型为：

$$\Pi_{bf} = E(P) = E\left[\begin{array}{l}\left(\dfrac{A}{B} - \dfrac{Pr_o}{B}\right)Pr_o - CP - C_r(1-r_o)P + \\ (H+Kd_r)\left(\dfrac{A}{B} - \dfrac{Pr_o}{B} - C_m - d_r - C_t\right)\end{array}\right] \tag{6.2}$$

其中，中括号内第一项为销售收入，第二项为生产成本，第三项为产品不合格处理成本，第四项为回收再销售收入。

式（6.2）用积分表示为：

$$\Pi_{bf} = \int_a^b \left[\begin{array}{l} \left(\dfrac{A}{B} - \dfrac{Pr_o}{B}\right)Pr_o - CP - C_r(1-r_o)P + \\ (H + Kd_r)\left(\dfrac{A}{B} - \dfrac{Pr_o}{B} - C_m - d_r - C_t\right) \end{array} \right] R(r_o)\mathrm{d}r_o \quad (6.3)$$

命题 1：集中决策模型存在最优投产量，设为 P_{bf}^*，它的表达式为：

$$P_{bf}^* = \frac{(A + BC_r - H - Kd_r)u - B(C + C_r)}{2(u^2 + \sigma^2)} \quad (6.4)$$

证明：对式（6.3）求关于 P 的一阶导数有：

$$\frac{\mathrm{d}\Pi_{bf}}{\mathrm{d}P} = \int_a^b \left[\left(\frac{A}{B} - \frac{Pr_o}{B}\right)r_o - \frac{Pr_o^2}{B} - \frac{(Kd_r + H)r_o}{B} - C - C_r(1 - r_o) \right] R(r_o)\mathrm{d}r_o$$

令上式等于 0，有：

$$P = \frac{(A + BC_r - H - Kd_r)u - B(C + C_r)}{2(u^2 + \sigma^2)}$$

又因为对式（6.3）求关于 P 的二阶导数有：$-2\dfrac{u^2 + \sigma^2}{B} < 0$，根据极值定理可知命题 1 成立。

命题 1 结论：不确定产出下，闭环供应链集中决策的最优投产量与一般性供应链相比，少了 $(H + Kd_r)u / [2(u^2 + \sigma^2)]$。

6.2.4 分散决策模型

$$\Pi_{bd}^s = E(P) = E\left[\left(\frac{A}{B} - \frac{Pr_o}{B}\right)Pr_o - wPr_o + (H + Kd_r)(d_m - d_r - C_t) \right]$$
$$(6.5)$$

$$\Pi_{bd}^g = E(P) = E\left[\begin{array}{l} wPr_o - CP - C_r(1 - r_o)P + \\ (H + Kd_r)(p_m - d_m - C_m) \end{array} \right] \quad (6.6)$$

式（6.5）和式（6.6）用积分表示为：

$$\Pi_{bd}^s = \int_a^b \left[\left(\frac{A}{B} - \frac{Pr_o}{B}\right)Pr_o - wPr_o + (H + Kd_r)(d_m - d_r - C_t) \right] R(r_o)\mathrm{d}r_o$$
$$(6.7)$$

$$\Pi_{bd}^g = \int_a^b \left[\begin{array}{c} wPr_o - CP - C_r(1-r_o)P + \\ (H+Kd_r)(p_m - d_m - C_m) \end{array} \right] R(r_o) dr_o \qquad (6.8)$$

其中，Π_{bd}^s 为销售商利润，Π_{bd}^g 为供应商利润。所以，回收闭环供应链分散决策利润为：

$$\Pi_{bd} = \Pi_{bd}^s + \Pi_{bd}^g \qquad (6.9)$$

命题 2：分散决策模型存在最优投产量，设为 P_{bd}^*，它的表达式为：

$$P_{bd}^* = \frac{(A-Bw)u}{2(u^2+\sigma^2)} \qquad (6.10)$$

证明：因为式（6.5）关于投产量的系数与第 5 章的式（5.6）相同，所以 $P_{bd}^* = P_d^*$，证明过程见第 5 章的命题 3 证明。

命题 2 结论：不确定产出下，回收闭环供应链分散决策的最优投产量与一般性供应链相等。

命题 3：在分散决策模型中，若从供应商的角度考虑，存在最优的批发价，它的表达式为：

$$w_{bg}^* = \frac{(A-BC_r)u + B(C+C_r)}{2Bu} \qquad (6.11)$$

证明：把式（6.10）代入式（6.8）后所得的函数关于批发价的系数与第 5 章的式（5.24）相同，所以 $w_{bg}^* = w_g^*$，证明过程见第 5 章的命题 5 证明。

命题 3 结论：不确定产出下，从供应商的角度考虑，闭环供应链分散决策的最优批发价与一般性供应链相等。

6.3 回收价敏感性分析

令 $C=1000$，$C_r=30$，$r_o \sim U[0.8, 1]$（$u=5$，$\sigma^2=0.003$），$A=10000$，$B=3$，$H=1000$，$K=2$，$C_t=50$，$C_m=500$，$p_m=2000$ 和 $d_m=800$。

6.3.1 集中决策

把 $C=1000$，$C_r=30$，$r_o \sim U[0.8, 1]$（$u=5$，$\sigma^2=0.003$），$A=$

10000，$B=3$，$H=1000$ 和 $K=2$ 代入式（6.4），可得最优投产量为：

$$P_{bf}^* = 3129.713115 - 1.106557377 d_r$$

把上式代入式（6.3），可得最优利润与消费者回收价的关系为：

$$\Pi_{bf}(d_r, P_{bf}^*) = 5.4 \times 10^6 + 2688.8 d_r - 1.67 d_r^2$$

根据上式可作最优利润与消费者回收价的关系图，如图 6-1 所示。从图 6-1 可知，最优利润随着消费者回收价的增加先增加后减少，存在最优的消费者回收价。

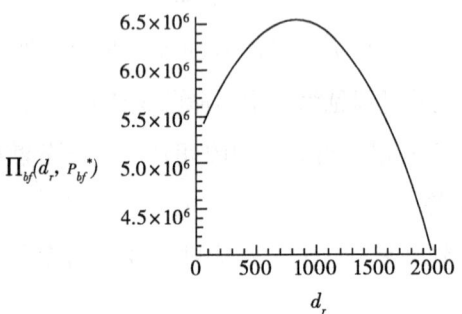

图 6-1　$\Pi_{bf}(d_r, P_{bf}^*)$ 与 d_r 的关系

6.3.2　分散决策

把 $C=1000$，$C_r=30$，$r_o \sim U[0.8, 1]$（$u=5$），$A=10000$ 和 $B=3$ 代入式（6.11），可得最优的批发价为 $w_{bg}^* = 2223.9$。再把 $w_{bg}^* = 2223.9$，$A=10000$，$B=3$ 和 $r_o \sim U[0.8, 1]$（$u=5$，$\sigma^2=0.003$）代入式（6.10），可得最优投产量为 $P_{bd}^* = 1841.5$。

这时把 $C=1000$，$C_r=30$，$r_o \sim U[0.8, 1]$（$u=5$，$\sigma^2=0.003$），$A=10000$，$B=3$，$H=1000$，$K=2$，$w_{bg}^* = 2223.9$，$P_{bd}^* = 1841.5$，$C_t=50$，$C_m=500$，$p_m=2000$ 和 $d_m=800$ 分别代入式（6.7）、式（6.8）和式（6.9），可得分散决策时销售商、供应商和供应链的最优利润，它们分别是：

$$\Pi_{bd}^t(d_r, P_{bd}^*) = 1.7 \times 10^6 + 500 d_r - 2 d_r^2 \qquad (6.12)$$

$$\Pi_{bd}^{g}(d_r,P_{bd}^*) = 2.5 \times 10^6 + 1400d_r \quad (6.13)$$

$$\Pi_{bd}(d_r,P_{bd}^*) = 4.2 \times 10^6 + 1900d_r - 2d_r^2 \quad (6.14)$$

根据式（6.12）、式（6.13）和式（6.14）作 $\Pi_{bd}^{s}(d_r,P_{bd}^*)$，$\Pi_{bd}^{g}(d_r,P_{bd}^*)$ 和 $\Pi_{bd}(d_r,P_{bd}^*)$ 与 d_r 的关系图，如图 6-2 所示。从图 6-2 可知，分散决策时，销售商最优利润和供应链最优利润随着消费者回收价的增加先增加后减少，存在一个最大的利润；供应商最优利润随着消费者回收价的增加而增加。因此，我们可以从销售商和供应链的角度求得最优的消费者回收价。

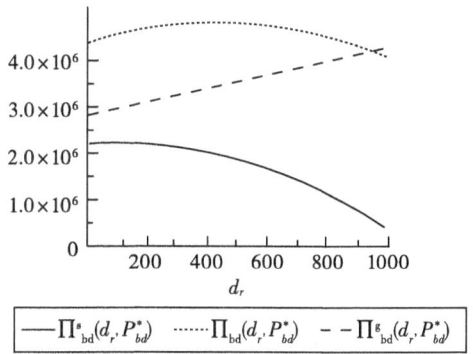

图 6-2　$\Pi_{bd}^{s}(d_r,P_{bd}^*)$，$\Pi_{bd}^{g}(d_r,P_{bd}^*)$，$\Pi_{bd}(d_r,P_{bd}^*)$ 与 d_r 的关系

6.4　集中模型投产量和回收价决策

命题4：在集中决策模型中，存在联合最优投产量和最优消费者回收价，它的表达式为：

$$(P_{bf}^*,d_{rf}^*) = \left\{\frac{v_2+v_3-AKu}{4v_1-Ku^2},\frac{[v_4+(A+H)u^2+2A\sigma^2]K-2v_1H}{4v_1K-u^2K^2}\right\}$$
(6.15)

其中，$v_1=(\sigma^2+u^2)B$，$v_2=[(2u-2)C_r-2C]B^2$，$v_3=u[(C_m+C_t)K+2A-H]B$，$v_4=\begin{cases}[C_r(1-u)+C]\\u-(2C_m+2C_t)u^2-2\sigma^2(C_m+C_t)\end{cases}B$。

证明：对式（6.3）求关于投产量的一阶偏导数为 0 有：

$$\frac{\partial \Pi_{bf}}{\partial P} = \frac{[C_r(u-1)-C]B+(A-H-Kd_r)u-2P(\sigma^2+u^2)}{B} = 0$$

(6.16)

对式（6.3）求关于消费者回收价的一阶偏导数为 0 有：

$$\frac{\partial \Pi_{bf}}{\partial d_r} = \frac{K(A-Pu)-[(C_m+C_t+2d_r)K+H]B}{B} = 0 \quad (6.17)$$

联合式（6.16）和式（6.17）可得投产量和消费者回收价分别为：

$$P_{bf} = \frac{v_2+v_3-AKu}{4v_1-Ku^2}, d_{rf} = \frac{(v_4+(A+H)u^2+2A\sigma^2)K-2v_1H}{4v_1K-u^2K^2}$$

其中，$v_1 = (\sigma^2+u^2)B$，$v_2 = [(2u-2)C_r-2C]B^2$，$v_3 = u[(C_m+C_t)K+2A-H]B$，$v_4 = \begin{Bmatrix} [C_r(1-u)+C]u- \\ (2C_m+2C_t)u^2-2\sigma^2(C_m+C_t) \end{Bmatrix} B$。

对式（6.3）求关于投产量的二阶偏导数有：

$$\frac{\partial^2 \Pi_{bf}}{\partial P^2} = \frac{-2(\sigma^2+u^2)}{B}$$

对式（6.3）求关于消费者回收价的二阶偏导数有：

$$\frac{\partial^2 \Pi_{bf}}{\partial d_r^2} = -2K$$

对式（6.3）求关于消费者回收价和投产量的一阶偏导数有：

$$\frac{\partial^2 \Pi_{bf}}{\partial d_r \partial P} = \frac{\partial^2 \Pi_{bf}}{\partial P \partial d_r} = \frac{-K}{B}u$$

因此，式（6.3）关于消费者回收价和投产量的海赛矩阵为：

$$\nabla^2 \Pi_{bf} = \begin{bmatrix} \dfrac{-2(\sigma^2+u^2)}{B} & \dfrac{-K}{B}u \\ \dfrac{-K}{B}u & -2K \end{bmatrix}$$

因为 $\dfrac{-2(\sigma^2+u^2)}{B}<0$, $\begin{vmatrix} \dfrac{-2(\sigma^2+u^2)}{B} & -\dfrac{K}{B}u \\ -\dfrac{K}{B}u & -2K \end{vmatrix} = \dfrac{K(4B\sigma^2+4Bu^2-Ku^2)}{B^2} \xrightarrow{B>K} >0$。

所以式（6.3）关于消费者回收价和投产量的海赛矩阵是负定的，所以式（6.3）存在最大值。这时令 $P_{bf}^* = P_{bf}$ 和 $d_{rf}^* = d_{rf}$，命题4成立，证毕。

6.5 分散模型投产量和回收价决策

6.5.1 销售商角度投产量和回收价决策

命题5：在分散决策模型中，若从销售商的角度考虑，存在联合最优消费者回收价和最优投产量，它的表达式为：

$$(P_{bd}^{s*}, d_{rd}^{s*}) = \left\{ \dfrac{1}{2}\dfrac{u(A-Bw_{bg}^*)}{\sigma^2+u^2}, \dfrac{1}{2}\dfrac{Kd_m-H-C_tK}{K} \right\} \quad (6.18)$$

证明：因为对式（6.5）求关于投产量的一阶偏导数为0有：

$$\dfrac{\partial \Pi_{bd}^s}{\partial P} = \dfrac{u(A-Bw)-2P(\sigma^2+u^2)}{B} = 0 \quad (6.19)$$

对式（6.5）求关于消费者回收价的一阶偏导数为0有：

$$\dfrac{\partial \Pi_{bd}^s}{\partial d_r} = K(d_m-d_r-C_t)-Kd_r-H = 0 \quad (6.20)$$

联合式（6.19）和式（6.20）可得投产量和消费者回收价分别为：

$$P_{bd}^s = \dfrac{1}{2}\dfrac{u(A-Bw)}{\sigma^2+u^2}, d_{rd}^s = \dfrac{1}{2}\dfrac{Kd_m-H-C_tK}{K}$$

又因为对式（6.5）求关于投产量的二阶偏导数有：

$$\dfrac{\partial^2 \Pi_{bd}^s}{\partial P^2} = \dfrac{-2(\sigma^2+u^2)}{B}$$

对式（6.5）求关于消费者回收价的二阶偏导数有：

$$\dfrac{\partial^2 \Pi_{bd}^s}{\partial d_r^2} = -2K$$

对式（6.5）求关于消费者回收价和投产量的一阶偏导数有：

$$\frac{\partial^2 \Pi_{bd}^s}{\partial d_r \partial P} = \frac{\partial^2 \Pi_{bd}^s}{\partial P \partial d_r} = 0$$

因此，式（6.5）关于消费者回收价和投产量的海赛矩阵为：

$$\nabla^2 \Pi_{bd}^s = \begin{bmatrix} \dfrac{-2(\sigma^2 + u^2)}{B} & 0 \\ 0 & -2K \end{bmatrix}$$

因为 $\dfrac{-2(\sigma^2 + u^2)}{B} < 0$，$\begin{vmatrix} \dfrac{-2(\sigma^2 + u^2)}{B} & 0 \\ 0 & -2K \end{vmatrix} = \dfrac{4(\sigma^2 + u^2)K}{B} > 0$。

所以式（6.5）关于消费者回收价和投产量的海赛矩阵是负定的，所以式（6.5）存在最大值。根据命题3可知，存在最优批发价 w_{bg}^*，所以有：

$$P_{bd}^s = \frac{1}{2} \frac{u(A - Bw_{bg}^*)}{\sigma^2 + u^2}$$

这时令 $P_{bd}^{s*} = P_{bd}^s$ 和 $d_{rd}^{s*} = d_{rd}^s$，命题5成立，证毕。

从命题5可知，当 $d_m > H/K + C_t$ 时，消费者回收价格才大于0。这表明，供应商要向销售商回收旧产品，那么它支付给销售商的回收价必须大于销售商的回收单位成本与旧产品回收潜力除以旧产品回收价敏感系数之和。

6.5.2 供应链角度投产量和回收价决策

命题6：在分散决策模型中，若从供应链的角度考虑，存在联合最优消费者回收价和最优投产量，它的表达式为：

$$(P_{bd}^*, d_{rd}^*) = \left\{ \frac{1}{2} \frac{u(A + BC_r) - B(C + C_r)}{\sigma^2 + u^2}, \frac{1}{2} \frac{Kp_m - (C_m K + C_t K + H)}{K} \right\}$$

(6.21)

证明：因为对式（6.9）求关于投产量的一阶偏导数为0有：

$$\frac{\partial \Pi_{bd}}{\partial P} = \frac{(C_r u - C - C_r)B + Au - 2P(\sigma^2 + u^2)}{B} = 0 \quad (6.22)$$

对式（6.9）求关于消费者回收价的一阶偏导数为0有：

$$\frac{\partial \Pi_{bd}}{\partial d_r} = (p_m - C_m - C_t - 2d_r)K - H = 0 \quad (6.23)$$

联合式（6.22）和式（6.23）可得投产量和消费者回收价分别为：

$$P_{bd} = \frac{1}{2} \frac{u(A + BC_r) - B(C + C_r)}{\sigma^2 + u^2}, d_{rd} = \frac{1}{2} \frac{Kp_m - (C_m K + C_t K + H)}{K}$$

又因为对式（6.9）求关于投产量的二阶偏导数有：

$$\frac{\partial^2 \Pi_{bd}}{\partial P^2} = \frac{-2(\sigma^2 + u^2)}{B}$$

对式（6.9）求关于消费者回收价的二阶偏导数有：

$$\frac{\partial^2 \Pi_{bd}}{\partial d_r^2} = -2K$$

对式（6.9）求关于消费者回收价和投产量的一阶偏导数有：

$$\frac{\partial^2 \Pi_{bd}}{\partial d_r \partial P} = \frac{\partial^2 \Pi_{bd}}{\partial P \partial d_r} = 0$$

因此，式（6.9）关于消费者回收价和投产量的海赛矩阵为：

$$\nabla^2 \Pi_{bd} = \begin{bmatrix} \frac{-2(\sigma^2 + u^2)}{B} & 0 \\ 0 & -2K \end{bmatrix}$$

因为 $\frac{-2(\sigma^2 + u^2)}{B} < 0$，$\begin{vmatrix} \frac{-2(\sigma^2 + u^2)}{B} & 0 \\ 0 & -2K \end{vmatrix} = \frac{4(\sigma^2 + u^2)K}{B} > 0$。

所以式（6.9）关于消费者回收价和投产量的海赛矩阵是负定的，所以式（6.9）存在最大值。这时令 $P_{bd}^* = P_{bd}$ 和 $d_{rd}^* = d_{rd}$，命题6成立，证毕。

6.6 合格率敏感性分析

6.6.1 均值敏感性分析

令 $C=1000$，$C_r=30$，$\sigma=0.06$，$A=10000$，$B=3$，$H=1000$，$K=2$，$C_t=50$，$C_m=500$，$p_m=2000$ 和 $d_m=800$。

（1）集中决策。

把 $C=1000$，$C_r=30$，$\sigma=0.06$，$A=10000$，$B=3$，$H=1000$，$K=2$，$C_t=50$ 和 $C_m=500$ 代入式（6.15）可得最优投产量和最优消费者回收价为：

$$(P_{bf}^*, d_{rf}^*) = \left\{ \frac{40840u - 18540}{10u^2 + 0.0432}, \frac{9400u^2 + 6(1030 - 30u)u + 98.6400}{20u^2 + 0.0864} \right\}$$

(6.24)

这时把 $C=1000$，$C_r=30$，$\sigma=0.06$，$A=10000$，$B=3$，$H=1000$，$K=2$，$C_t=50$，$C_m=500$，P_{bf}^* 和 d_{rf}^* 代入式（6.3）得最优利润为：

$$\Pi_{bf}^* = \frac{0.25 \begin{pmatrix} 4 \times 10^{11} u^8 + 4.4 \times 10^{10} u^6 - 1.7 \times 10^{11} u^7 - 2.2 \times 10^9 u^5 + 3154.2 \\ + 5.3 \times 10^8 u^4 - 9.4 \times 10^6 u^3 + 2.2 \times 10^6 u^2 - 13565.4u \end{pmatrix}}{(10u^2 + 0.04)^4}$$

(6.25)

根据式（6.24）和式（6.25）可作最优投产量、最优消费者回收价和集中决策利润与均值的关系图，如图6-3、图6-4和图6-5所示。从图6-3、图6-4和图6-5可知，最优投产量和最优消费者回收价随着均值的增加先增加后减少，集中决策最优利润随着均值的增加先减少后增加。

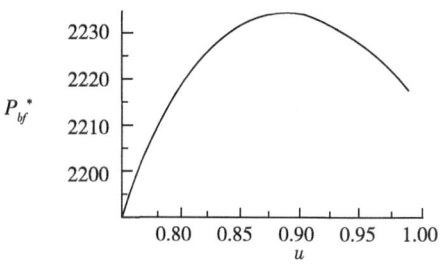

图 6-3　P_{bf}^* 与 u 的关系

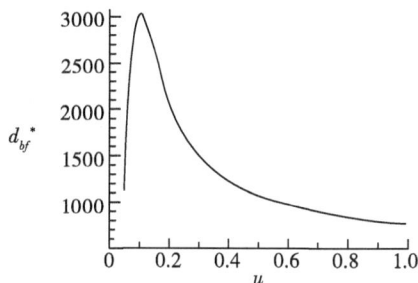

图 6-4　d_{rf}^* 与 u 的关系

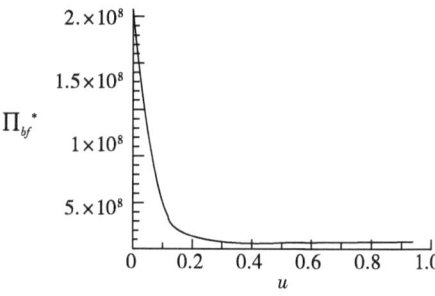

图 6-5　Π_{bf}^* 与 u 的关系

（2）分散决策。

从销售商角度分析均值的敏感性。

把 $C=1000$，$C_r=30$，$\sigma=0.06$，$A=10000$，$B=3$，$H=1000$，$K=2$，$C_t=50$ 和 $d_m=800$ 代入式（6.18）可得最优投产量和最优消费者回收价为：

$$(P_{bd}^{s*}, d_{rd}^{s*}) = \left\{\frac{5045u - 1545}{2u^2 + 0.0072}, 125\right\} \quad (6.26)$$

这时把 $C = 1000$, $C_r = 30$, $\sigma = 0.06$, $A = 10000$, $B = 3$, $H = 1000$, $K = 2$, $C_t = 50$, $C_m = 500$, $d_m = 800$, $w_{bg}^* = (9910u + 3090)/(6u)$, $p_m = 2000$, P_{bd}^{s*} 和 d_{rd}^{s*} 代入式 (6.7)、式 (6.8) 和式 (6.9),可得从销售商角度考虑,销售商最优利润、供应商最优利润和供应链最优利润为:

$$\Pi_{bd}^{s*} = \frac{5.8 \times 10^6 (u + 0.5)(u - 0.2)(u^2 + 1.8 \times 10^{-13} u + 0.0036)}{(2u^2 + 0.0072)^2} \quad (6.27)$$

$$\Pi_{bd}^{g*} = \frac{1.0 \times 10^7 u^2 - 5.2 \times 10^6 u + 8.0 \times 10^5}{2u^2 + 0.0072} \quad (6.28)$$

$$\Pi_{bd}^* = \frac{2950.29 + 2.6 \times 10^7 u^4 - 8.6 \times 10^6 u^3 + 9.1 \times 10^5 u^2 - 31048.3u}{(2u^2 + 0.0072)^2} \quad (6.29)$$

根据式 (6.27)、式 (6.28) 和式 (6.29) 可作最优投产量,最优消费者回收价,销售商最优利润、供应商最优利润和供应链最优利润与均值的关系,如图 6-6、图 6-7 和图 6-8 所示。

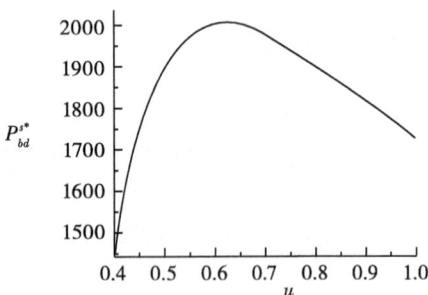

图 6-6　P_{bd}^{s*} 与 u 的关系

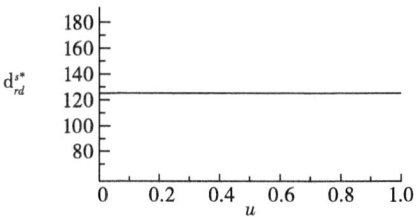

图 6-7　d_{rd}^{s*} 与 u 的关系

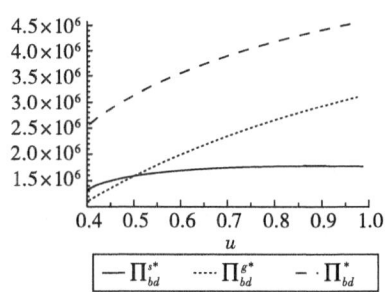

图 6-8　Π_{bd}^{s*}，Π_{bd}^{g*}，Π_{bd}^{t*} 与 u 的关系

从图 6-6、图 6-7 和图 6-8 可知，最优投产量随着均值的增加先增加后减少，最优消费者回收价与均值不相关，销售商最优利润、供应商最优利润和供应链最优利润随着均值的增加而增加。

从供应链角度分析均值的敏感性。

把 $C=1000$，$C_r=30$，$\sigma=0.06$，$A=10000$，$B=3$，$H=1000$，$K=2$，$C_t=50$，$C_m=500$ 和 $p_m=2000$ 代入式 (6.21)，可得最优投产量和最优消费者回收价为：

$$(P_{bd}^*, d_{rd}^*) = \left\{ \frac{1}{2} \frac{10090u - 3090}{u^2 + 0.0036}, 475 \right\} \quad (6.30)$$

这时把 $C=1000$，$C_r=30$，$\sigma=0.06$，$A=10000$，$B=3$，$H=1000$，$K=2$，$C_t=50$，$C_m=500$，$d_m=800$，$w_{bg}^* = (9910u + 3090)/(6u)$，$p_m=2000$，$P_{bd}^*$ 和 d_{rd}^* 代入式 (6.7)、式 (6.8) 和式 (6.9)，可得从供应链角度考虑，销售商最优利润、供应商最优利润和供应链最优利润为：

$$\Pi_{bd}^{s*} = \frac{9.8 \times 10^6 u^2 - 5.2 \times 10^6 u + 8 \times 10^5}{u^2 + 0.0036} \quad (6.31)$$

$$\Pi_{bd}^{g*} = \frac{536250 u^2 + 1930.5}{u^2 + 0.0036} \quad (6.32)$$

$$\Pi_{bd}^{*} = \frac{1.0 \times 10^7 u^2 - 5.2 \times 10^6 u + 8.0 \times 10^5}{u^2 + 0.0036} \quad (6.33)$$

根据式（6.31）、式（6.32）和式（6.33）可作最优投产量，最优消费者回收价，销售商最优利润、供应商最优利润和供应链最优利润与均值的关系图，如图6-9、图6-10和图6-11所示。从图6-9、图6-10和图6-11可知，最优投产量随着均值的增加先增加后减少，最优消费者回收价与均值不相关，销售商最优利润和供应链最优利润随着均值的增加而增加，供应商最优利润基本不受均值的影响。

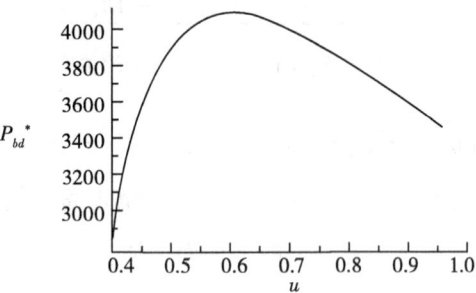

图6-9　P_{bd}^{*} 与 u 的关系

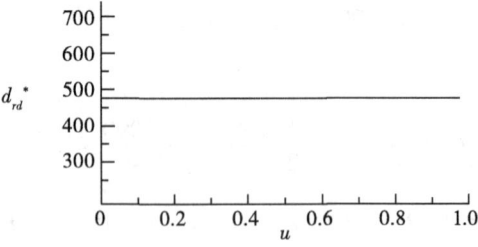

图6-10　d_{rd}^{*} 与 u 的关系

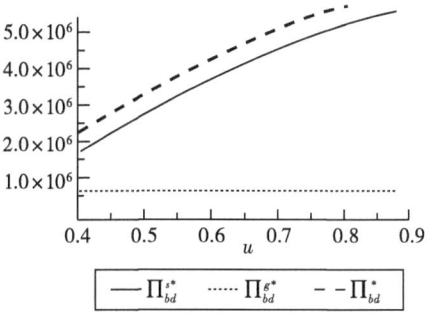

图 6-11 Π_{bd}^*，Π_{bd}^{g*}，Π_{bd}^{t*} 与 u 的关系

6.6.2 标准方差敏感性分析

令 $C=1000$，$C_r=30$，$u=0.9$，$A=10000$，$B=3$，$H=1000$，$K=2$，$C_t=50$，$C_m=500$，$p_m=2000$ 和 $d_m=800$。

（1）集中决策。

把 $C=1000$，$C_r=30$，$u=0.9$，$A=10000$，$B=3$，$H=1000$，$K=2$，$C_t=50$ 和 $C_m=500$ 代入式（6.15），可得最优投产量和最优消费者回收价为：

$$(P_{bf}^*, d_{rf}^*) = \left\{ \frac{18216}{12\sigma^2 + 8.10}, \frac{13030.20 + 27400\sigma^2}{24\sigma^2 + 16.20} \right\} \quad (6.34)$$

这时把 $C=1000$，$C_r=30$，$u=0.9$，$A=10000$，$B=3$，$H=1000$，$K=2$，$C_t=50$，$C_m=500$，P_{bf}^* 和 d_{rf}^* 代入式（6.3），可得最优利润为：

$$\Pi_{bf}^* = \frac{1.5 \times 10^7 \sigma^6 + 1.63 \times 10^7 \sigma^4 + 7.7 \times 10^6 \sigma^2 + 1.4 \times 10^6 + 5.4 \times 10^6 \sigma^8}{(\sigma^2 + 0.68)^4}$$

(6.35)

根据式（6.34）和式（6.35）可作最优投产量、最优消费者回收价和集中决策最优利润与标准方差的关系，如图 6-12、图 6-13 和图 6-14 所示。从图 6-12、图 6-13 和图 6-14 可知，最优投产量和集中决策最优利润随着标准方差的增加而减少，最优消费者回收价随着标准方差的增加而增加。

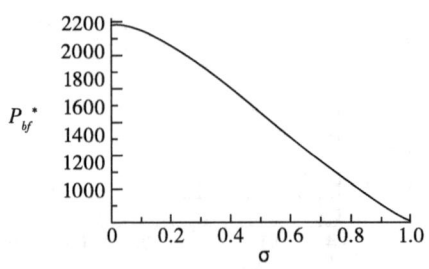

图 6－12　P_{bf}^* 与 σ 的关系

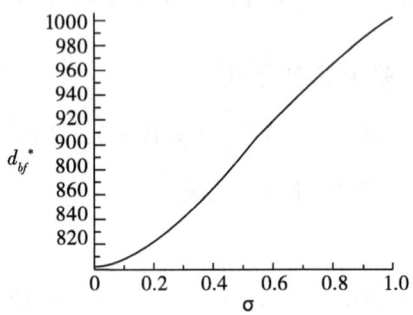

图 6－13　d_{rf}^* 与 σ 的关系

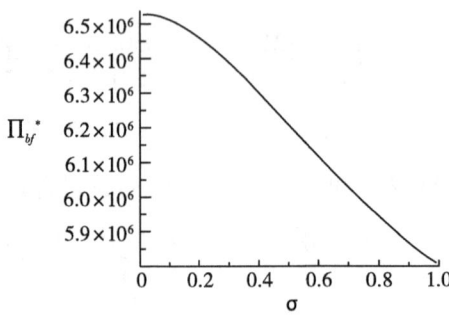

图 6－14　Π_{bf}^* 与 σ 的关系

（2）分散决策。

从销售商角度分析均值的敏感性。

把 $C=1000$，$C_r=30$，$u=0.9$，$A=10000$，$B=3$，$H=1000$，$K=2$，$C_t=50$ 和 $d_m=500$ 代入式（6.18），可得最优投产量和最优消费者回收

价为：

$$(P_{bd}^{s*}, d_{rd}^{s*}) = \left\{ \frac{1497.750001}{\sigma^2 + 0.81}, 125 \right\} \quad (6.36)$$

这时把 $C=1000$，$C_r=30$，$u=0.9$，$A=10000$，$B=3$，$H=1000$，$K=2$，$C_t=50$，$C_m=500$，$d_m=800$，$w_{bg}^*=2223.9$，$p_m=2000$，P_{bd}^{s*} 和 d_{rd}^{s*} 代入式 (6.7)、式 (6.8) 和式 (6.9)，可得从销售商角度考虑，销售商最优利润、供应商最优利润和供应链最优利润为：

$$\Pi_{bd}^{s*} = \frac{7.4775168910^5}{\sigma^2 + 0.81} + 781250 \quad (6.37)$$

$$\Pi_{bd}^{g*} = \frac{1.49550337510^6}{\sigma^2 + 0.81} + 875000 \quad (6.38)$$

$$\Pi_{bd}^{*} = \frac{2.24325506410^6}{\sigma^2 + 0.81} + 1656250 \quad (6.39)$$

根据式 (6.37)、式 (6.38) 和式 (6.39) 可作最优投产量，最优消费者回收价，销售商利润、供应商利润和供应链利润与标准方差的关系，如图 6-15、图 6-16 和图 6-17 所示。从图 6-15、图 6-16 和图 6-17 可知，最优投产量随着标准方差的增加而减少，最优消费者回收价与标准方差不相关，销售商利润、供应商利润和供应链利润随着标准方差的增加而减少。

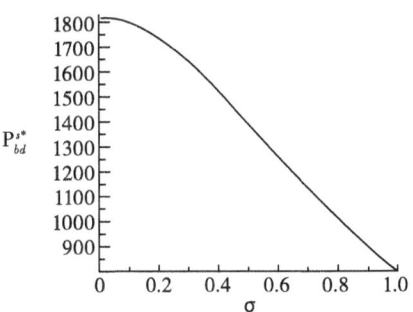

图 6-15 P_{bd}^{s*} 与 σ 的关系

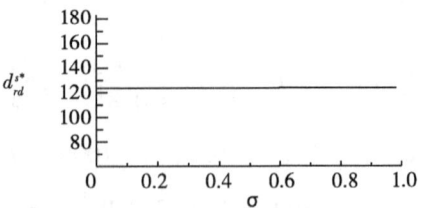

图 6-16 d_{rd}^{s*} 与 σ 的关系

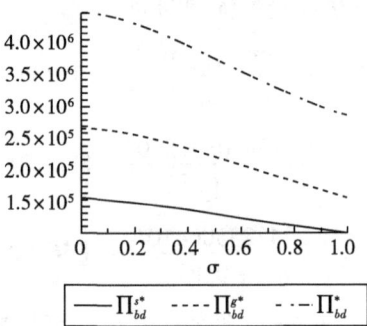

图 6-17 Π_{bd}^{*}, Π_{bd}^{g*}, Π_{bd}^{s*} 与 σ 的关系

从供应链角度分析均值的敏感性。

把 $C=1000$, $C_r=30$, $u=0.9$, $A=10000$, $B=3$, $H=1000$, $K=2$, $C_t=50$, $C_m=500$ 和 $p_m=2000$ 代入式（6.21），可得最优投产量和最优消费者回收价为：

$$(P_{bd}^{*}, d_{rd}^{*}) = \left\{\frac{2995.500000}{\sigma^2+0.81}, 475\right\} \quad (6.40)$$

这时把 $C=1000$, $C_r=30$, $\sigma=0.06$, $A=10000$, $B=3$, $H=1000$, $K=2$, $C_t=50$, $C_m=500$, $d_m=800$, $w_{bg}^{*}=2223.9$, $p_m=2000$, P_{bd}^{*} 和 d_{rd}^{*} 代入式（6.7）、式（6.8）和式（6.9），可得从供应链角度考虑、销售商最优利润、供应商最优利润和供应链最优利润为：

$$\Pi_{bd}^{s*} = \frac{3.0\times10^6}{\sigma^2+0.81}+1365000 \quad (6.41)$$

$$\Pi_{bd}^{g*} = \frac{3.52\times10^5+5.4\times10^5\sigma^4+8.7\times10^5\sigma^2}{(\sigma^2+0.81)^2} \quad (6.42)$$

$$\Pi_{bd}^* = \frac{3.7\times10^6 + 1.9\times10^6\sigma^4 + 6.1\times10^6\sigma^2}{(\sigma^2+0.81)^2} \quad (6.43)$$

根据式（6.41）、式（6.42）和式（6.43）可作最优投产量、最优消费者回收价、销售商最优利润、供应商最优利润和供应链最优利润与标准方差的关系图，如图6-18、图6-19、图6-20和图6-21所示。从图6-18、图6-19、图6-20和图6-21可知，最优投产量随着标准方差的增加而减少，最优消费者回收价与均值不相关，供应商最优利润、销售商最优利润和供应链最优利润随着标准方差的增加而减少。

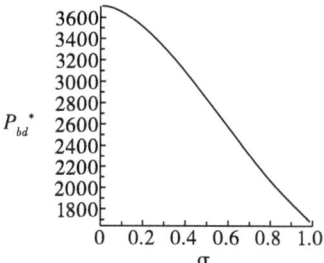

图6-18　P_{bd}^*与σ的关系

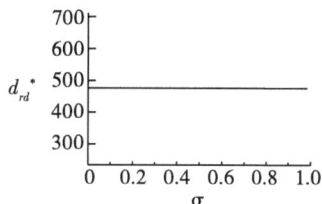

图6-19　d_{rd}^*与σ的关系

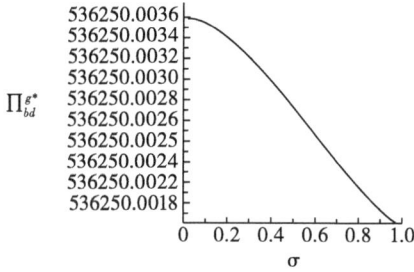

图6-20　Π_{bd}^{g*}与σ的关系

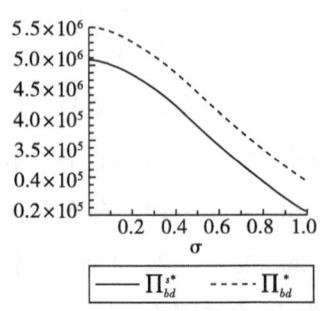

图 6-21　Π_{bd}^*，Π_{bd}^{s*} 与 σ 的关系

6.7　算例

现有一电器市场容量为 10000 件，价格敏感系数为 3，回收潜力为 1000 件，回收价格敏感系数为 2，生产成本为 1000 元/件，回收单位成本为 50 元/件，回收再生产单位成本为 500 元/件，生产过程受各种不确定因素的影响，存在不合格的产品，其处理成本为 30 元/件，产品的合格率均值为 0.9，标准方差为 0.06。问：第一，当供应商和销售商采用供应链集中决策时，最优消费者回收价、最优投产量和最优利润各是多少？第二，当供应商和销售商采用供应链分散决策，供应商以回收价为 800 元/件从销售商手中回收旧产品，又以 2000 元/件的价格销售给消费者时，若从销售商角度考虑，最优消费者回收价、最优投产量、销售商最优利润、供应商最优利润以及供应链最优利润各是多少？若从供应链角度考虑，最优消费者回收价、最优投产量、销售商最优利润、供应商最优利润以及供应链最优利润各是多少？

（1）集中决策。

根据题意有：$A = 10000$ 件，$B = 3$，$H = 1000$ 件，$K = 2$，$C = 1000$ 元/件，$C_t = 50$ 元/件，$C_m = 500$ 元/件，$C_r = 30$ 元/件，$u = 0.9$ 和 $\sigma = 0.06$。

把以上相关参数代入式（6.15），可得 $P_{tf}^* = 2237$ 件和 $d_{rf}^* = 806$ 元/件，这时对应的最优利润为 6.5×10^6 元。

为了弄清集中决策供应链利润与消费者回收价、投产量的关系，把 $A = 10000$ 件，$B = 3$，$H = 1000$ 件，$K = 2$，$C = 1000$ 元/件，$C_t = 50$ 元/件，$C_m = 500$ 元/件，$C_r = 30$ 元/件，$u = 0.9$ 和 $\sigma = 0.06$ 代入式（6.3），化简可得：

$$\Pi_{bf} = 1697P - 0.3P^2 + 4566.7d_r - 0.6d_rP - 2d_r^2 + 2.8 \times 10^6$$

根据上式作集中决策供应链利润与消费者回收价、投产量的关系图，如图 6-22 所示。

从图 6-22 可知，集中决策供应链利润随着消费者回收价或者投产量的增加先增加后减少。

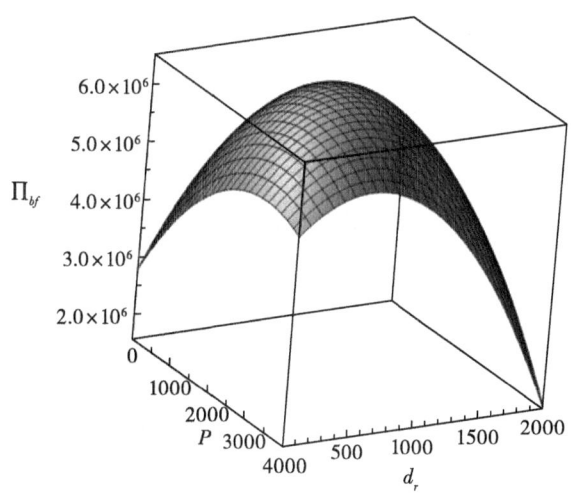

图 6-22　Π_{bf}、P 与 d_r 的关系

（2）分散决策。

1）从销售商角度考虑。

根据题意有：$A = 10000$ 件，$B = 3$，$H = 1000$ 件，$K = 2$，$C = 1000$ 元/件，$C_t = 50$ 元/件，$C_m = 500$ 元/件，$C_r = 30$ 元/件，$d_m = 800$ 元/件，$p_m = 2000$ 元/件，$u = 0.9$ 和 $\sigma = 0.06$。把以上相关参数代入式（6.18），可得 $P_{bd}^{s*} = 1841$ 件和 $d_{rd}^{s*} = 125$ 元/件，这时对应的销售商最优利润为：1.7×10^6 元，供应商最优利润为 2.7×10^6 元，供应链最优利润为 4.4×10^6 元。

为了弄清从销售商角度考虑,分散决策销售商利润、供应商利润以及供应链利润与消费者回收价、投产量的关系,把 $A=10000$ 件,$B=3$,$H=1000$ 件,$K=2$,$C=1000$ 元/件,$C_t=50$ 元/件,$C_m=500$ 元/件,$C_r=30$ 元/件,$d_m=800$ 元/件,$p_m=2000$ 元/件,$u=0.9$ 和 $\sigma=0.06$ 代入式(6.7)、式(6.8)和式(6.9),化简可得:

$$\Pi_{bd}^s = P(3000 - 0.3P) + (2d_r + 1000)(750 - d_r) - 2001.5P \quad (6.44)$$

$$\Pi_{bd}^g = 998.5P + 1400d_r + 700000 \quad (6.45)$$

$$\Pi_{bd} = 1997P + 1900d_r + 1450000 - 0.3P^2 - 2d_r^2 \quad (6.46)$$

根据式(6.44)、式(6.45)和式(6.46)可作销售商利润、供应商利润和供应链利润与消费者回收价、投产量的关系图,如图6-23、图6-24和图6-25所示。

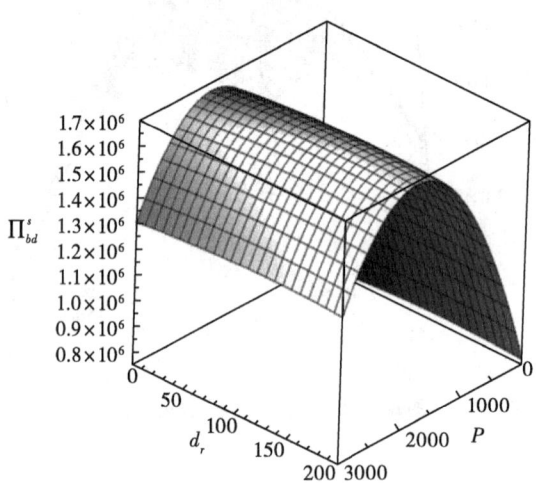

图6-23 Π_{bd}^s、P 与 d_r 的关系

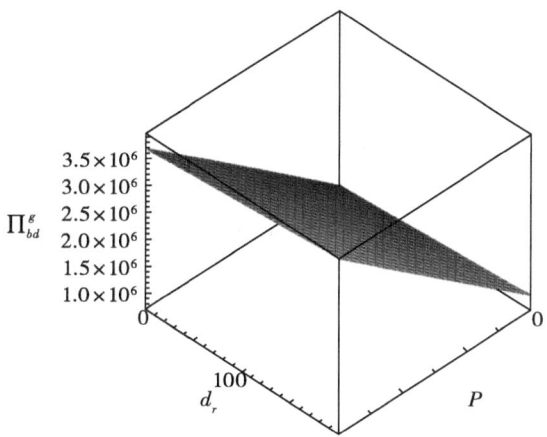

图 6-24　Π_{bd}^{g}、P 与 d_r 的关系

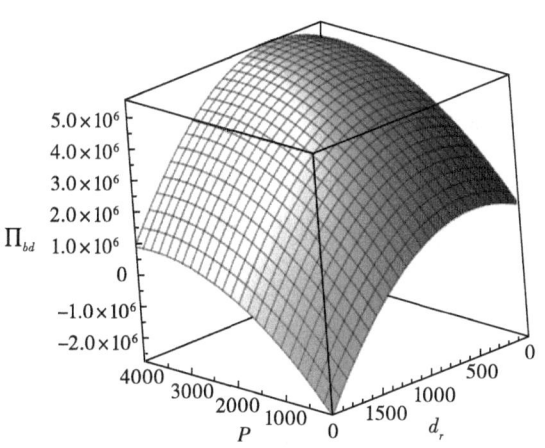

图 6-25　Π_{bd}、P 与 d_r 的关系

2) 从供应链角度考虑。

根据题意有：$A=10000$ 件，$B=3$，$H=1000$ 件，$K=2$，$C=1000$ 元/件，$C_t=50$ 元/件，$C_m=500$ 元/件，$C_r=30$ 元/件，$d_m=800$ 元/件，$p_m=2000$ 元/件，$u=0.9$ 和 $\sigma=0.06$。把以上相关参数代入式 (6.21)，可得 $P_{bd}^{s*}=3682$ 件和 $d_{rd}^{s*}=475$ 元/件，这时对应的销售商最优利润为 0.6×10^6 元，供应商最优利润为 5×10^6 元，供应链最优利润为 5.6×10^6 元。

6.8 本章小结

通过算例可知,集中决策最优利润优于从供应链角度考虑的分散决策最优利润,从供应链角度考虑的分散决策最优利润优于从销售商角度考虑的分散决策最优利润。(集中最优利润为 6.5×10^6 元,从供应链角度考虑的分散决策最优利润为 5.6×10^6 元,从销售商角度考虑的分散决策最优利润为 4.4×10^6 元)。

随着人类产生垃圾的增加,人们逐渐意识到环保的重要性,企业通过向消费者回收旧产品,一方面可以增加社会效益(减少垃圾的生产,实现绿色生产),另一方面也可以提高自身的利润。本书考虑销售商回收量是消费者回收价的线性函数,建立起以投产量和消费者回收价为决策变量的闭环供应链集中和分散两种模型。通过对模型的分析可知,它们都存在着联合最优投产量和最优消费者回收价,同时证明了在闭环供应链集中决策下,最优投产量比一般性的供应链少 $(H + Kd_r)u/[2(u^2 + \sigma^2)]$;在闭环供应链分散决策下,最优投产量和最优批发价与一般性供应链相等。

根据回收对象的不同,闭环供应链可分为三类,本书仅研究了其中的一类。有关这三类的对比分析将会是我们未来研究的内容。

第7章 不确定需求与产出供应链投产量决策

7.1 引言

我国企业一方面由于生产过程受内外因素的影响，产出具有不确定性，另一方面由于消费者需求的个性化和多样化，面临需求的不确定性。在这种环境下，从供应链的角度如何确定合理的投产量是目前众多学者研究的焦点。

考虑需求的不确定性和产品合格率的随机性，分别建立以投产量为决策变量的供应商与销售商二级供应链分散决策模型和集中决策模型。对于分散决策模型，首先证明了销售商存在最优订购量，并给出了其数学表达式。接着，考虑销售商是以最优订购量进行订购，供应商以订购量为产出量进行投产，建立了供应商投产量模型，证明了模型存在最优投产量。然后，通过需求和产品合格率服从均匀分布模型的分析得到了最优投产量数学表达式，推导了最优投产量随着产品的再投产准备费用，需求均匀分布均值和销售商订货不足缺货单位成本的增加而增加，随着产品不合格单位处理成本和销售商过量订购单位成本的增加而减少。对于集中决策模型，面对需求的不确定性和产出产品合格率的不确定性建立了投产量决策模型，证明了模型存在最优投产量。通过对需求和产品合格率服从均匀分布模型的分析，得到了最优投产量数学表达式，推导了最优投产量随着产品的再投产准备费用和需求均匀分布均值的增加而增加，随着产品不合格单位处理成本的增加而减少。

7.2 模型的建立

7.2.1 模型假设

供应商采用的是 MTO，供应商按照销售商的订货量进行生产，欠产需要重新生产满足销售商的需求，生产过量则以废品的方式处理。

7.2.2 模型符号及说明

Q = 客户对产品的需求量，它是随机变量，设 $f(Q)$ 和 $F(Q)$ 分别为 Q 的概率密度函数和概率分布函数；

C_s = 销售商订货不足缺货单位成本；

C_o = 销售商过量订购单位成本，如储存成本、管理成本等；

Q_s = 销售商的订货量；

C_q = 欠产再投产单位成本；

C_g = 过量产出单位处理成本；

C_r = 产品不合格单位处理成本；

Q_p = 产品的生产量；

P = 产品的投产量；

S = 产品的再投产准备费用；

r_o = 产品合格品率，是随机变量，设 $R(r_o)$ 为 r_o 的概率密度函数，它的范围为 $[a, b]$。

7.2.3 分散决策模型

7.2.3.1 销售商订货模型

销售商订货不足损失期望费用为：

$$\int_{Q_s}^{\infty} [C_s \times (Q - Q_s)] f(Q) \mathrm{d}Q \quad (7.1)$$

销售商过量订购损失期望费用为：

$$\int_0^{Q_s} [C_o \times (Q_s - Q)] f(Q) \mathrm{d}Q \tag{7.2}$$

所以,在不确定需求下,销售商订货损失期望费用为:

$$E_d(Q_s) = \int_{Q_s}^{\infty} [C_s \times (Q - Q_s)] f(Q) \mathrm{d}Q + \int_0^{Q_s} [C_o \times (Q_s - Q)] f(Q) \mathrm{d}Q \tag{7.3}$$

7.2.3.2 供应商投产量模型

考虑供应商投产不足和投产过量期望费用,建立其投产量期望成本为:

$$E_d(P) = \int_{\frac{Q_p}{P}}^{b} [C_g(r_o P - Q_p) + C_r(1 - r_o)P] R(r_o) \mathrm{d}r_o + \int_a^{\frac{Q_p}{P}} [C_q(Q_p - r_o P) + C_r(1 - r_o)P + S] R(r_o) \mathrm{d}r_o \tag{7.4}$$

考虑销售商与供应商分散决策,结合式(7.3)和式(7.4),分散决策供应链期望成本为:

$$\Pi_d = E_d(Q_s) + E_d(P) \tag{7.5}$$

根据以客户为中心的市场经济,分散决策过程为销售商根据市场需求确定订货量,再向供应商下达订货任务,供应商依据订货量生产。由假设(1)可知,供应商的生产量等于销售商的订货量($Q_s = Q_p$)。所以分散决策供应商投产量决策为:

$$E_d(P) = \begin{cases} \int_{\frac{Q_s}{P}}^{b} [C_g(r_o P - Q_s) + C_r(1 - r_o)P] R(r_o) \mathrm{d}r_o + \\ \int_a^{\frac{Q_s}{P}} [C_q(Q_s - r_o P) + C_r(1 - r_o)P + S] R(r_o) \mathrm{d}r_o \end{cases}$$

$$\mathrm{s.t.} \begin{cases} \min E_d(Q_s) = \min \begin{cases} \int_{Q_s}^{\infty} [C_s \times (Q - Q_s)] g(q) \mathrm{d}q + \\ \int_0^{Q_s} [C_o \times (Q_s - Q)] f(Q) \mathrm{d}Q \end{cases} \end{cases} \tag{7.6}$$

7.2.3.3 分散决策模型分析

命题1:在不确定需求下,销售商最优订货量为:

$$Q_s^* = F^{-1}\left(\frac{C_s}{C_s + C_o}\right) \qquad (7.7)$$

其中，$F^{-1}(x)$ 为产品需求量随机分布函数的反函数。

证明：对式（7.3）求关于 Q_s 导数有：

$$\frac{dE_d(Q_s)}{dQ_s} = -\int_{Q_s}^{\infty} C_s \times g(Q) dQ + \int_0^{Q_s} C_o \times f(Q) dQ = -C_s$$

$$\left(1 - \int_0^{Q_s} g(Q) dQ\right) + \int_0^{Q_s} C_o \times f(Q) dQ =$$

$$-C_s + (C_s + C_o) \int_0^{Q_s} f(Q) dQ$$

令 $\dfrac{dE_d(Q_s)}{dQ_s} = 0$，则有：$Q_s = F^{-1}\left(\dfrac{C_s}{C_s + C_o}\right)$。又因为对式（7.3）求关于 Q_s 二阶导数有 $(C_s + C_o) \times f(Q_s) > 0$。所以，求得的 Q_s 使得式（7.3）取最小值，设其为 Q_s^*，得证。

根据命题 1 的结论，式（7.6）等价于：

$$E_d(P) = \left\{\begin{array}{l} \int_{\frac{Q_s^*}{P}}^{b} [C_g(r_o P - Q_s^*) + C_r(1 - r_o)P] R(r_o) dr_o + \\ \int_a^{\frac{Q_s^*}{P}} [C_q(Q_s^* - r_o P) + C_r(1 - r_o)P + S] R(r_o) dr_o \end{array}\right\} \qquad (7.8)$$

命题 2：若 $R(r_o)$ 为不增连续可导函数，那么式（7.8）存在最优投产量 P_d^*，并且 P_d^* 满足以下方程：

$$P^2 \left[-\int_{\frac{Q_s^*}{P}}^{b} (C_g r_o + C_r - C_r r_o) R(r_o) dr_o + \int_a^{\frac{Q_s^*}{P}} (C_q r_o - C_r + C_r r_o) R(r_o) dr_o \right] +$$

$$Q_s^* \times S \times R\left(\frac{Q_s^*}{P}\right) = 0$$

证明过程可参考第 3 章的命题 1 的证明。

7.2.3.4 需求和合格率均匀分布模型分析

若需求量 $Q \sim U[m, n]$，则有：

$$f(Q) = \begin{cases} \dfrac{1}{n-m} & m \leq Q \leq n \\ 0 & \text{others} \end{cases} \quad (7.9)$$

根据命题 1 可得销售商最优订货量为：

$$Q_s^* = F^{-1}\left(\dfrac{C_s}{C_s+C_o}\right) = \dfrac{mC_o + nC_s}{C_s + C_o} \quad (7.10)$$

把式（7.10）代入式（7.3）可得销售商最优订货损失期望费用为：

$$E_d^*(Q_s) = \dfrac{C_s C_o (n-m)}{2(C_s + C_o)} \quad (7.11)$$

若合格率 $r_o \sim U[a,b]$，则有：

$$R(r_o) = \begin{cases} \dfrac{1}{b-a} & a \leq r_o \leq b \\ 0 & \text{others} \end{cases} \quad (7.12)$$

把（7.10）和式（7.12）代入式（7.8），可得：

$$E_d(P) = \begin{cases} \int_{\frac{mC_o+nC_s}{C_s+C_o}}^{b} \left[C_g\left(r_o P - \dfrac{mC_o+nC_s}{C_s+C_o}\right) + C_r(1-r_o)P \right] \dfrac{1}{b-a} \mathrm{d}r_o + \\ \int_{a}^{\frac{mC_o+nC_s}{C_s+C_o}} \left[C_q\left(\dfrac{mC_o+nC_s}{C_s+C_o} - r_o P\right) + C_r(1-r_o)P + S \right] \dfrac{1}{b-a} \mathrm{d}r_o \end{cases}$$

对上式求积分化简可得：

$$E_d(P) = \dfrac{w_1 P^2 + w_2 P - w_3}{2P(a-b)(C_s+C_o)^2} \quad (7.13)$$

其中：

$$w_1 = -[(a^2 - b^2 - 2a + 2b)C_r + a^2 C_q + b^2 C_g](C_s + C_o)^2$$

$$w_2 = 2(C_s + C_o)\{[(mC_q + S)a + bmC_g]C_o + [(nC_q + S)a + bnC_g]C_s\}$$

$$w_3 = 2(mC_o + nC_s)\left[\left(\dfrac{1}{2}mC_g + \dfrac{1}{2}mC_q + S\right)C_o + C_s\left(\dfrac{1}{2}nC_g + \dfrac{1}{2}nC_q + S\right)\right]$$

命题 3：需求和合格率均为均匀分布的分散决策投产模型存在最优投产量，其数学表达式为：

$$P_d^* = \frac{\sqrt{w_3}}{(C_s + C_o)\sqrt{w_4}} \tag{7.14}$$

其中，$w_4 = (a^2 - b^2 - 2a + 2b)C_r + a^2 C_q + b^2 C_g$。

证明：对式（7.13）求关于 P 的一阶导数为 0，化简可得：

$$\frac{dE_d(P)}{dP} = \frac{w_1 + \dfrac{w_3}{P^2}}{2(a-b)(C_s + C_o)^2} = 0$$

对上式求解 P 为：

$$P = \left\{ \frac{\sqrt{w_3}}{(C_s + C_o)\sqrt{w_4}}, \ -\frac{\sqrt{w_3}}{(C_s + C_o)\sqrt{w_4}} \right\}$$

因为投产量大于 0，所以有：

$$P = \frac{\sqrt{w_3}}{(C_s + C_o)\sqrt{w_4}}$$

又因为对式（7.13）求关于 P 的二阶导数化简可得：

$$\frac{d^2 \Pi_d}{dP^2} =$$

$$\frac{2\left\{\left[\left(\dfrac{1}{2}C_g + \dfrac{1}{2}C_q\right)m + S\right]C_o + \left[\left(\dfrac{1}{2}C_g + \dfrac{1}{2}C_q\right)n + S\right]C_s\right\}(mC_o + nC_s)}{P^3(b-a)(C_s + C_o)^2} > 0$$

所以，式（7.13）存在极小值，根据极值定理可知，P 就是最优投产量，设之为 P_d^*，命题 3 成立。

推论 1：当需求和合格率均匀分布时，分散决策最优投产量随着产品的再投产准备费用、需求均匀分布均值和销售商订货不足缺货单位成本的增加而增加，随着产品不合格单位处理成本和销售商过量订购单位成本的增加而减少。

证明：因为分散决策最优投产量表达式对产品的再投产准备费用求导有：

$$\frac{dP_d^*}{dS} = \frac{(mC_o + nC_s)}{\sqrt{w_3 w_4}} > 0$$

所以，分散决策最优投产量随着产品的再投产准备费用的增加而增加。

因为分散决策最优投产量表达式对需求均匀分布参数 n 和 m 求导有：

$$\frac{dP_d^*}{dn} = \frac{[(nC_g + nC_q + S)C_s + C_o(mC_g + mC_q + S)]C_s}{(C_s + C_o)\sqrt{w_3 w_4}} > 0$$

$$\frac{dP_d^*}{dm} = \frac{[(nC_g + nC_q + S)C_s + C_o(mC_g + mC_q + S)]C_o}{(C_s + C_o)\sqrt{w_3 w_4}} > 0$$

所以，分散决策最优投产量随着需求均匀分布均值的增加而增加。因为分散决策最优投产量表达式对销售商订货不足缺货单位成本求导有：

$$\frac{dP_d^*}{dC_s} = \frac{\{[(C_g + C_q)m + S]C_o + C_s[(C_g + C_q)n + S]\}C_o(n-m)}{(C_s + C_o)^2 \sqrt{w_3 w_4}} > 0$$

所以，分散决策最优投产量随着销售商订货不足缺货单位成本的增加而增加。

因为分散决策最优投产量表达式对销售商过量订购单位成本求导有：

$$\frac{dP_d^*}{dC_o} = \frac{\{[(C_g + C_q)m + S]C_o + C_s[(C_g + C_q)n + S]\}C_o(m-n)}{(C_s + C_o)^2 \sqrt{w_3 w_4}} < 0$$

所以，分散决策最优投产量随着销售商过量订购单位成本的增加而减少。

因为分散决策最优投产量表达式对产品不合格单位处理成本求导有：

$$\frac{dP_d^*}{dC_r} = -\frac{(2-a-b)(b-a)\sqrt{w_3}}{2(C_s + C_o)w_4 \sqrt{w_4}} < 0$$

所以，分散决策最优投产量随着产品不合格单位处理成本的增加而减少。至此，证毕。

7.2.3.5 敏感性分析

(1) 需求量敏感性分析。

令 $C_s = 600$，$C_o = 480$，$Q \sim U[m, 5000]$，$C_g = 230$，$C_q = 200$，$C_r =$

120，$S=3500$ 和 $r_o \sim U[0.8, 1]$。

把以上相关参数代入式（7.11）、式（7.13）和式（7.5），可得分散决策销售商订购期望费用、供应商投产期望成本和供应链期望成本为：

$$E_d(Q_s) = \frac{C_s C_o (n-m)}{2(C_s + C_o)} = \frac{2000000}{3} - \frac{400}{3}m \quad (7.15)$$

$$E_d(P) = \frac{907P^2 - (5.4 \times 10^6 + 866.7m)P + 8.3 \times 10^9 + 2.7 \times 10^6 m + 212.4m^2}{P} \quad (7.16)$$

$$\Pi_d = \frac{907P^2 - (5.4 \times 10^6 + 866.7m)P + 8.3 \times 10^9 + 2.7 \times 10^6 m + 212.4m^2}{P} + \frac{2000000}{3} - \frac{400}{3}m \quad (7.17)$$

把 $C_s = 600$，$C_o = 480$，$Q \sim U[m, 5000]$，$C_g = 230$，$C_q = 200$，$C_r = 120$，$S = 3500$ 和 $r_o \sim U[0.8, 1]$ 代入式（7.13），可得分散决策最优投产量与需求均匀分布参数 m 的关系为：

$$P_d^* = 2.2 \times 10^{-12} \sqrt{4.8 \times 10^{22} m^2 + 6.0 \times 10^{26} m + 1.9 \times 10^{30}} \quad (7.18)$$

根据式（7.14）至式（7.18）可得分散决策最优的投产量，销售商订购期望费用、供应商投产期望成本和供应链期望成本与需求均匀分布参数 m 的关系。如图 7-1 和图 7-2 所示。

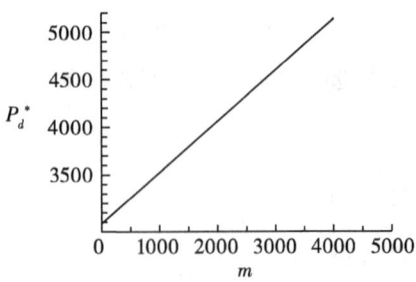

图 7-1 P_d^* 与 m 的关系

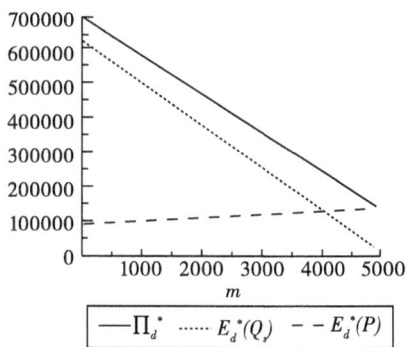

图 7-2 Π_d^*，$E_d^*(P)$，$E_d^*(Q_s)$ 与 m 的关系

从图 7-1 和图 7-2 可知：最优的投产量和供应商投产量期望成本随着需求均匀分布参数 m 的增加而增加，最优的销售商订购期望费用和供应链期望成本随着需求均匀分布参数 m 的增加而减少。

令 $C_s = 600$，$C_o = 480$，$Q \sim U[500, n]$，$C_g = 230$，$C_q = 200$，$C_r = 120$，$S = 3500$ 和 $r_o \sim U[0.8, 1]$。

把以上相关参数代入式（7.11）、式（7.13）和式（7.5），可得分散决策销售商订购期望费用、供应商投产期望成本和供应链期望成本为：

$$E_d(Q_s) = \frac{C_s C_o (n - m)}{2(C_s + C_o)} = \frac{400}{3}n - \frac{200000}{3} \quad (7.19)$$

$$E_d(P) = \frac{907P^2 - (1083.3n + 4.5 \times 10^5)P + 331.8n^2 + 2.8 \times 10^5 n + 5.7 \times 10^7}{P} \quad (7.20)$$

$$\Pi_d = \frac{907P^2 - (1083.3n + 4.5 \times 10^5)P + 331.8n^2 + 2.8 \times 10^5 n + 5.7 \times 10^7}{P} + \frac{400}{3}n - \frac{200000}{3} \quad (7.21)$$

把 $C_s = 600$，$C_o = 480$，$Q \sim U[500, n]$，$C_g = 230$，$C_q = 200$，$C_r = 120$，

$S = 3500$ 和 $r_o \sim U[0.8, 1]$ 代入式（7.13）可得分散决策最优投产量与需求均匀分布参数 n 的关系为：

$$P_d^* = 2.2 \times 10^{-12} \sqrt{7.5 \times 10^{22} n^2 + 6.2 \times 10^{25} n + 1.3 \times 10^{28}} \quad (7.22)$$

根据式（7.19）至式（7.22）可得分散决策最优的投产量，销售商订购期望费用、供应商投产期望成本和供应链期望成本与需求均匀分布参数 n 的关系。如图 7-3 和图 7-4 所示。

从图 7-3 和图 7-4 可知：最优的投产量、销售商订购期望费用、供应商投产量期望成本和供应链期望成本随着需求均匀分布参数 n 的增加而增加。

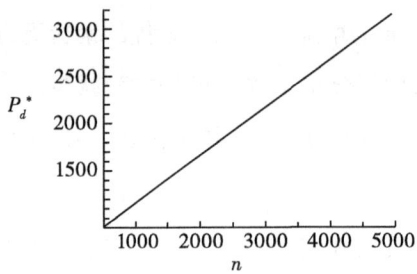

图 7-3 P_d^* 与 n 的关系

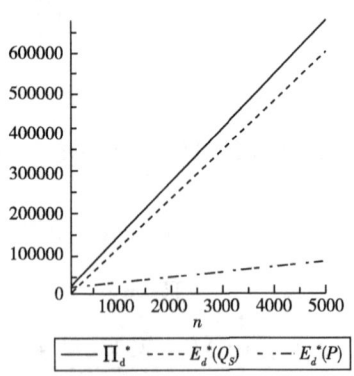

图 7-4 $\prod_d^*$，$E_d^*(P)$，$E_d^*(Q_s)$ 与 n 的关系

（2）合格率敏感性分析。

令 $C_s = 600$，$C_o = 480$，$Q \sim U[500, 5000]$，$C_g = 230$，$C_q = 200$，$C_r =$

120，$S=3500$ 和 $r_o \sim U[a, 1]$。

把以上相关参数代入式（7.11）、式（7.13）和式（7.5），可得分散决策销售商订购期望费用、供应商投产期望成本和供应链期望成本为：

$$E_d(Q_s) = \frac{C_s C_o (n-m)}{2(C_s + C_o)} = 600000 \quad (7.23)$$

$$E_d(P) = \frac{(120a - 175 - 160a^2)P^2 + (603500a + 690000)P - 1.9 \times 10^9}{P(a-1)} \quad (7.24)$$

$$\Pi_d = \frac{(120a - 175 - 160a^2)P^2 + (603500a + 690000)P - 1.9 \times 10^9}{P(a-1)} + 600000 \quad (7.25)$$

把 $C_s = 600$，$C_o = 480$，$Q \sim U[500, 5000]$，$C_g = 230$，$C_q = 200$，$C_r = 120$，$S = 3500$ 和 $r_o \sim U[a, 1]$ 代入式（7.13），可得分散决策最优投产量与合格率均匀分布参数 a 的关系为：

$$P_d^* = \frac{3891000}{\sqrt{1245120a^2 - 933840a + 1361850}} \quad (7.26)$$

根据式（7.23）至式（7.26）可得分散决策最优的投产量，销售商订购期望费用、供应商投产期望成本和供应链期望成本与合格率均匀分布参数 a 的关系，如图 7-5 和图 7-6 所示。

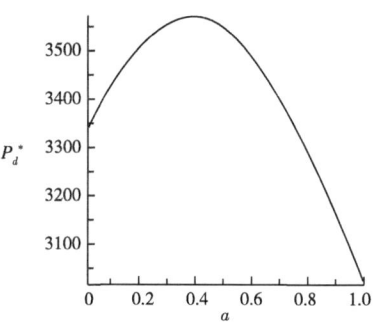

图 7-5　P_d^* 与 a 的关系

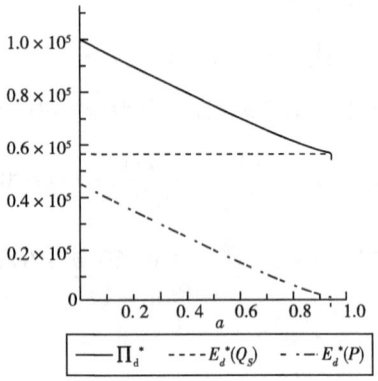

图 7-6　Π_d^*, $E_d^*(P)$, $E_d^*(Q_s)$ 与 a 的关系

从图 7-5 和图 7-6 可知：最优投产量随着合格率均匀分布参数 a 的增加先增加后减少，最优销售商订购期望费用不随着合格率均匀分布参数 a 的变化而变化，最优的供应商投产量期望成本和供应链期望成本随着合格率均匀分布参数 a 的增加而减少。

令 $C_s = 600$，$C_o = 480$，$Q \sim U[500, 5000]$，$C_g = 230$，$C_q = 200$，$C_r = 120$，$S = 3500$ 和 $r_o \sim U[0.8, b]$。

把以上相关参数代入式（7.11）、式（7.13）和式（7.5），可得分散决策销售商订购期望费用、供应商投产期望成本和供应链期望成本为：

$$E_d(Q_s) = \frac{C_s C_o (n-m)}{2(C_s + C_o)} = 600000 \qquad (7.27)$$

$$E_d(P) = \frac{1.9 \times 10^9 + (55b^2 + 120b + 6.4)P^2 + (-6.9 \times 10^5 b - 4.8 \times 10^5)P}{P(b-0.8)}$$

$$(7.28)$$

$$\Pi_d =$$

$$\frac{1.9 \times 10^9 + (55b^2 + 120b + 6.4)P^2 + (-6.9 \times 10^5 b - 4.8 \times 10^5)P}{P(b-0.8)} + 600000$$

$$(7.29)$$

把 $C_s=600$，$C_o=480$，$Q\sim U[500,5000]$，$C_g=230$，$C_q=200$，$C_r=120$，$S=3500$ 和 $r_o\sim U[0.8,b]$ 代入式（7.13），可得分散决策最优投产量与合格率均匀分布参数 b 的关系为：

$$P_d^*=\frac{1.9\times 10^7}{\sqrt{1.1\times 10^7 b^2+2.3\times 10^7 b+1.2\times 10^6}} \qquad (7.30)$$

根据式（7.27）至式（7.30）可得分散决策最优的投产量，销售商订购期望费用、供应商投产期望成本和供应链期望成本与合格率均匀分布参数 b 的关系，如图 7-7 和图 7-8 所示。

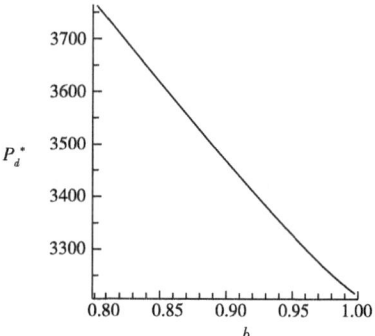

图 7-7 P_d^* 与 b 的关系

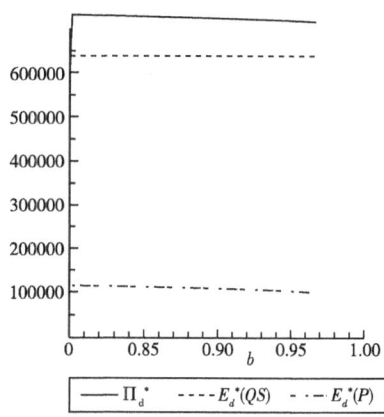

图 7-8 Π_d^*，$E_d^*(P)$，$E_d^*(Q_s)$ 与 b 的关系

从图 7-7 和图 7-8 可知：最优投产量随着合格率均匀分布参数 b 的增加而减少，最优销售商订购期望费用不随着合格率均匀分布参数 b 的变化而变化，最优的供应商投产量期望成本和供应链期望成本随着合格率均匀分布参数 b 的增加先增加后减少。

7.2.4 集中决策模型

若销售商与供应商是集中决策，那么供应商可以了解销售的情况，即供应商直接面对不确定需求进行投产量的决策。所以集中决策投产量费用包括投产不足的欠产期望费用和投产过量的超产期望费用：

$$\Pi_3 = \int_0^\infty \int_a^{Q/P} [C_q(Q - r_oP) + C_r(1 - r_o)P + S]R(r_o)f(Q)\,dr_o\,dQ \quad (7.31)$$

$$\Pi_4 = \int_0^\infty \int_{Q/P}^b [C_g(r_oP - Q) + C_r(1 - r_o)P]R(r_o)f(Q)\,dr_o\,dQ \quad (7.32)$$

那么面对不确定需求，建立集中决策投产量决策模型为：

$$\Pi_f = \int_0^\infty \int_a^{Q/P} [C_q(Q - r_oP) + C_r(1 - r_o)P + S]R(r_o)f(Q)\,dr_o\,dQ +$$

$$\int_0^\infty \int_{Q/P}^b [C_g(r_oP - Q) + C_r(1 - r_o)P]R(r_o)f(Q)\,dr_o\,dQ \quad (7.33)$$

7.2.4.1 集中决策模型分析

命题 4：如果产品合格率密度函数与投产量无关，那么模型存在最优投产量满足等式（7.34），设之为 P_f^*。

$$\int_0^\infty \left\{ \int_a^{Q/P} [C_r(1 - r_o) - C_q r_o]f(Q)R(r_o)\,dr_o - \frac{Q \times S \times f(Q)R\left(\frac{Q}{P}\right)}{P^2} \right\} dQ +$$

$$\int_0^\infty \int_{Q/P}^b (C_g r_o + C_r(1 - r_o))f(Q)R(r_o)\,dr_o\,dQ = 0 \quad (7.34)$$

证明：对式（7.33）进行分解可得：

$$\Pi_f = \int_0^\infty \int_a^{\frac{Q}{P}} C_q \times (Q - r_o P) R(r_o) f(Q) \mathrm{d}r_o \mathrm{d}Q + \int_0^\infty \int_a^{\frac{Q}{P}} C_r (1 - r_o) P R(r_o) f(Q)$$

$$\mathrm{d}r_o \mathrm{d}Q + \int_0^\infty \int_a^{\frac{Q}{P}} S R(r_o) f(Q) \mathrm{d}r_o \mathrm{d}Q + \int_0^\infty \int_{\frac{Q}{P}}^b C_g (r_o P - Q) R(r_o) f(Q) \mathrm{d}r_o \mathrm{d}Q +$$

$$\int_0^\infty \int_{\frac{Q}{P}}^b C_r (1 - r_o) P R(r_o) f(Q) \mathrm{d}r_o \mathrm{d}Q \qquad (7.35)$$

对上式求关于 P 的一阶导数有：

$$\frac{\mathrm{d}\Pi_f}{\mathrm{d}P} = \int_0^\infty \int_a^{\frac{Q}{P}} - C_q r_o R(r_o) f(Q) \mathrm{d}r_o \mathrm{d}Q + \int_0^\infty \left(\frac{\int_a^{\frac{Q}{P}} C_r (1 - r_o) f(Q) R(r_o) \mathrm{d}r_o - }{QC_r \left(1 - \frac{Q}{P}\right) f(Q) R\left(\frac{Q}{P}\right)} \right) \mathrm{d}Q -$$

$$\int_0^\infty \left(\frac{Q S R\left(\frac{Q}{P}\right) f(Q)}{P^2} \right) \mathrm{d}Q + \int_0^\infty \int_{\frac{Q}{P}}^b C_g r_o R(r_o) f(Q) \mathrm{d}r_o \mathrm{d}Q +$$

$$\int_0^\infty \left(\int_{\frac{Q}{P}}^b C_r (1 - r_o) f(Q) R(r_o) \mathrm{d}r_o - \frac{QC_r \left(1 - \frac{Q}{P}\right) f(Q) R\left(\frac{Q}{P}\right)}{P} \right) \mathrm{d}Q$$

对上式化简和令其为 0，即有等式 (7.34)。

又因为式 (7.35) 对 P 求二次导数有：

$$\frac{\mathrm{d}^2 \Pi_f}{\mathrm{d}P^2} = \int_0^\infty \frac{Q^2 C_q f(Q) R\left(\frac{Q}{P}\right)}{P^3} \mathrm{d}Q +$$

$$\int_0^\infty \left(-\frac{Q^2 C_r f(Q) R\left(\frac{Q}{P}\right)}{P^3} + \frac{Q^2 C_r \left(1 - \frac{Q}{P}\right) f(Q) D(R)\left(\frac{Q}{P}\right)}{P^3} \right) \mathrm{d}Q +$$

$$\int_0^\infty \left(\frac{2 Q S R\left(\frac{Q}{P}\right) f(Q)}{P^3} + \frac{Q^2 S f(Q) D(R)\left(\frac{Q}{P}\right)}{P^3} \right) \mathrm{d}Q + \int_0^\infty \frac{Q^2 C_g f(Q) R\left(\frac{Q}{P}\right)}{P^3} \mathrm{d}Q +$$

$$\int_0^\infty \left(\frac{Q^2 C_q f(Q) R\left(\frac{Q}{P}\right)}{P^3} - \frac{Q^2 C_r \left(1 - \frac{Q}{P}\right) f(Q) D(R)\left(\frac{Q}{P}\right)}{P^3} \right) dQ$$

对上式进行化简可得：

$$\frac{d^2 \Pi_f}{dP^2} =$$

$$\frac{\int_0^\infty (C_q + C_g) Q^2 f(Q) R\left(\frac{Q}{P}\right) dQ + \left\{ \int_0^\infty \frac{\left[2P \times R\left(\frac{Q}{P}\right) + Q \times D(R)\left(\frac{q}{P}\right) \right] Q \times S \times f(Q)}{P^4} dQ \right\} P^3}{P^3}$$

因为根据命题 4 假设产品合格率密度函数与投产量无关，所以有 $D(R)\left(\frac{Q}{P}\right) = 0$，又因为 $(C_q + C_g)Q^2 f(Q) R\left(\frac{Q}{P}\right) > 0$，$2P \times R\left(\frac{Q}{P}\right) \times Q \times S \times f(Q) > 0$，因此 $\frac{d^2 \Pi_f}{dP^2} > 0$，根据极值第二充分条件，存在最优生产批量使得集中决策模型最优化，设之为 P_f^*，证毕。

7.2.4.2 需求和合格率均匀分布模型分析

考虑需求和合格率均为均匀分布，把式（7.9）和式（7.12）代入式（7.33）有：

$$\Pi_f = \int_m^n \int_a^{\frac{Q}{P}} [C_q(Q - r_o P) + C_r(1 - r_o)P + S] \frac{1}{b-a} \frac{1}{n-m} dr_o dQ + \int_m^n \int_{\frac{Q}{P}}^b [C_g(r_o P - Q) + C_r(1 - r_o)P] \frac{1}{b-a} \frac{1}{n-m} dr_o dQ \quad (7.36)$$

对上式求积分化简有：

$$\Pi_f = \frac{\eta_1 P^2 + \eta_2 P - \eta_3}{6P(a-b)} \quad (7.37)$$

其中：

$$\eta_1 = [(-3C_q - 3C_r)a^2 + 6aC_r - 3b^2 C_g + 3bC_r(b-2)]$$

$$\eta_2 = [(3mC_q + 3nC_q + 6S)a + 3bC_g(m+n)]$$

$$\eta_3 = [[(C_g + C_q)n + 3S]m + (C_g + C_q)(m^2 + n^2) + 3nS]$$

命题5：需求和合格率均匀分布集中决策投产模型存在最优投产量，其数学表达式为：

$$P_f^* = \frac{\sqrt{3}}{3}\frac{\sqrt{\eta_3}}{\sqrt{w_4}} \tag{7.38}$$

证明：对式（7.37）求关于 P 的一阶导数为0，化简可得：

$$\frac{\mathrm{d}\Pi_f}{\mathrm{d}P} = \frac{-3w_4 P^2 + \eta_3}{6P^2(b-a)} = 0$$

对上式求解 P 为：

$$P = \left\{ \frac{\sqrt{3}}{3}\frac{\sqrt{\eta_3}}{\sqrt{w_4}}, -\frac{\sqrt{3}}{3}\frac{\sqrt{\eta_3}}{\sqrt{w_4}} \right\}$$

因为投产量大于0，所以有：

$$P = \frac{\sqrt{3}}{3}\frac{\sqrt{\eta_3}}{\sqrt{w_4}}$$

又因为对式（7.37）求关于 P 的二阶导数化简可得：

$$\frac{\mathrm{d}^2\Pi_f}{\mathrm{d}P^2} = \frac{1}{3}\frac{(C_g + C_q + 3S)(n^3 - m^3)}{P^3(n-m)(b-a)} > 0$$

所以，式（7.37）存在极小值，根据极值定理可知，P 就是最优投产量，设之为 P_f^*，命题5成立。

推论：当需求和合格率均匀分布时，集中决策最优投产量随着产品的再投产准备费用和需求均匀分布均值的增加而增加，随着产品不合格单位处理成本的增加而减少。

证明：因为集中决策最优投产量表达式对产品的再投产准备费用求导有：

$$\frac{\mathrm{d}P_f^*}{\mathrm{d}S} = \frac{1}{2}\frac{\sqrt{3}(m+n)}{\sqrt{\eta_3 w_4}} > 0$$

所以，集中决策最优投产量随着产品的再投产准备费用的增加而增加。

因为集中决策最优投产量表达式对需求均匀分布参数 n 和 m 求导有：

$$\frac{\mathrm{d}P_f^*}{\mathrm{d}n} = \frac{\sqrt{3}[(m+2n)(C_g+C_q)+3S]}{6\sqrt{\eta_3 w_4}} > 0$$

$$\frac{\mathrm{d}P_f^*}{\mathrm{d}m} = \frac{\sqrt{3}[(2m+n)(C_g+C_q)+3S]}{6\sqrt{\eta_3 w_4}} > 0$$

所以，集中决策最优投产量随着需求均匀分布均值的增加而增加。

因为集中决策最优投产量表达式对产品不合格单位处理成本求导有：

$$\frac{\mathrm{d}P_f^*}{\mathrm{d}C_r} = -\frac{\sqrt{3}(b-a)(2-a-b)\sqrt{\eta_3}}{6w_4\sqrt{w_4}} < 0$$

所以，集中决策最优投产量随着产品不合格单位处理成本的增加而减少。至此，证毕。

7.2.4.3 敏感性分析

(1) 需求量敏感性分析。

令 $Q \sim U[m, 5000]$，$C_g = 230$，$C_q = 200$，$C_r = 120$，$S = 3500$ 和 $r_o \sim U[0.8, 1]$。把以上相关参数代入式 (7.37)，可得集中决策投产量期望成本为：

$$\Pi_f = \frac{907P^2m - 975Pm^2 + 358.3m^3 + 2.4 \times 10^{10}P - 4.5 \times 10^6 P^2}{P(m-5000)} - \frac{14000Pm + 8750m^2 - 4.5 \times 10^{13}}{P(m-5000)} \quad (7.39)$$

把 $Q \sim U[m, 5000]$，$C_g = 230$，$C_q = 200$，$C_r = 120$，$S = 3500$ 和 $r_o \sim U[0.8, 1]$ 代入式 (7.38)，可得集中决策最优投产量与需求均匀分布参数 m 的关系为：

$$P_f^* = 2.2 \times 10^{-7}\sqrt{8.1 \times 10^{12}m^2 + 4.0 \times 10^{16}m + 2.0 \times 10^{20}} \quad (7.40)$$

根据式 (7.39) 和式 (7.40) 可得集中决策最优的投产量和投产期望

成本与需求均匀分布参数 m 的关系图，如图 7-9 和图 7-10 所示。

从图 7-9 和图 7-10 可知：最优投产量随着需求均匀分布参数 m 的增加而增加，最优投产量期望成本随着需求均匀分布参数 m 的增加先增加后减少。

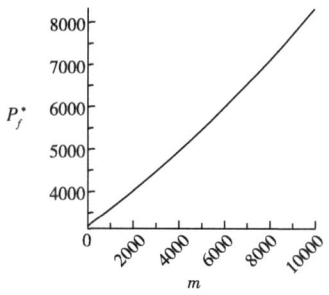

图 7-9 P_f^* 与 m 的关系

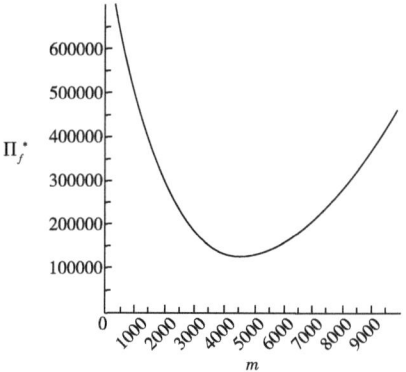

图 7-10 Π_f^* 与 m 的关系

令 $Q \sim U[500, n]$，$C_g = 230$，$C_q = 200$，$C_r = 120$，$S = 3500$ 和 $r_o \sim U[0.8, 1]$。

把以上相关参数代入式（7.37），可得集中决策投产量期望成本为：

$$\Pi_f = \frac{358.3n^3 - 4.7 \times 10^{10} - 975Pn^2 + 2.5 \times 10^8 P + 8750n^2}{P(n-500)} +$$

$$\frac{907P^2 n - 4.5 \times 10^5 P^2 - 14000Pn}{P(n-500)} \tag{7.41}$$

把 $Q \sim U[500, n]$，$C_g = 230$，$C_q = 200$，$C_r = 120$，$S = 3500$ 和 $r_o \sim U[0.8, 1]$ 代入式（7.38），可得集中决策最优投产量与需求均匀分布参数 n 的关系为：

$$P_f^* = 2.2 \times 10^{-7} \sqrt{8.1 \times 10^{12} n^2 + 4.3 \times 10^{15} n + 2.1 \times 10^{18}} \quad (7.42)$$

根据式（7.41）和式（7.42）可得集中决策最优的投产量和投产期望成本与需求均匀分布参数 n 的关系图，如图 7-11 和图 7-12 所示。

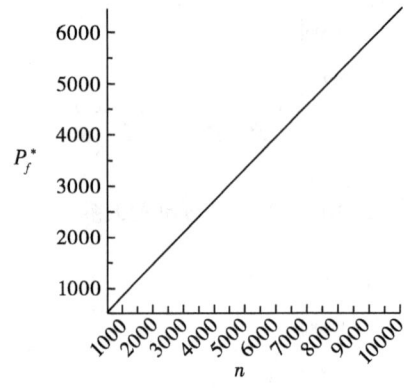

图 7-11　P_f^* 与 n 的关系

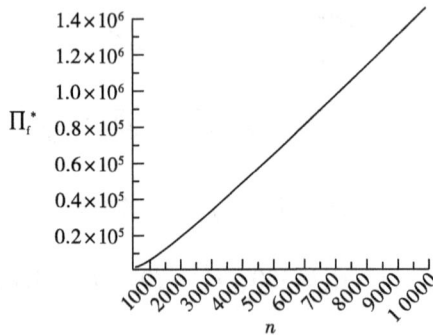

图 7-12　Π_f^* 与 n 的关系

从图 7-11 和图 7-12 可知：最优投产量和最优投产量期望成本随着需求均匀分布参数 n 的增加而增加。

综上所述，最优投产量随着需求均匀分布均值的增加而增加。

(2) 合格率敏感性分析。

令 $Q \sim U[500, 5000]$，$C_g = 230$，$C_q = 200$，$C_r = 120$，$S = 3500$ 和 $r_o \sim U[a, 1]$。

把以上相关参数代入式 (7.37)，可得集中决策投产量期望成本为：

$$\Pi_f = \frac{5(32P^2a^2 - 24P^2a + 35P^2 - 110700Pa - 126500P + 399675000)}{P(1-a)} \quad (7.43)$$

把 $Q \sim U[500, n]$，$C_g = 230$，$C_q = 200$，$C_r = 120$，$S = 3500$ 和 $r_o \sim U[a, 1]$ 代入式 (7.38)，可得集中决策最优投产量与合格率均匀分布参数 a 的关系为：

$$P_f^* = \frac{109500}{\sqrt{960a^2 - 720a + 1050}} \quad (7.44)$$

根据式 (7.43) 和式 (7.44) 可得集中决策最优的投产量和投产期望成本与合格率均匀分布参数 a 的关系图，如图 7-13 和图 7-14 所示。

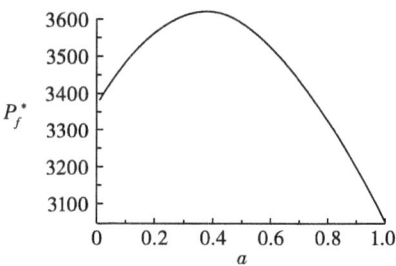

图 7-13 P_f^* 与 a 的关系

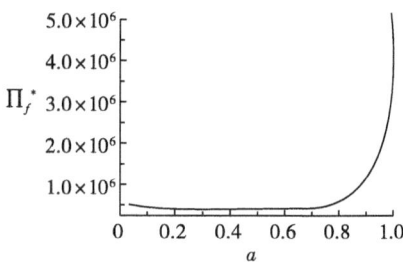

图 7-14 Π_f^* 与 a 的关系

从图 7-13 和图 7-14 可知：最优投产量随着合格率均匀分布参数 a 的增加先增加后减少，最优投产量期望成本随着合格率均匀分布参数 a 的增加先减少后增加。

令 $Q \sim U[500, 5000]$，$C_g = 230$，$C_q = 200$，$C_r = 120$，$S = 3500$ 和 $r_o \sim U[0.8, b]$。

把以上相关参数代入式（7.37），可得集中决策投产量期望成本为：

$$\Pi_f = \frac{2 \times 10^9 - 4.4 \times 10^5 P + 6.4 \times P^2 - 6.3 \times 10^5 Pb + 55 \times P^2 b^2 + 120 P^2 b}{P(b - 0.8)}$$

(7.45)

把 $Q \sim U[500, n]$，$C_g = 230$，$C_q = 200$，$C_r = 120$，$S = 3500$ 和 $r_o \sim U[0.8, b]$ 代入式（7.38），可得集中决策最优投产量与合格率均匀分布参数 b 的关系为：

$$P_f^* = \frac{4.2(165 + \sqrt{7 \times 10^{24} b^2 + 1.5 \times 10^{25} b + 8.2 \times 10^{23}})}{1.8 \times 10^9 b^2 + 4 \times 10^9 b + 2.1 \times 10^8}$$

(7.46)

根据式（7.45）和式（7.46）可得集中决策最优的投产量和投产期望成本与合格率均匀分布参数 b 的关系图，如图 7-15 和图 7-16 所示。

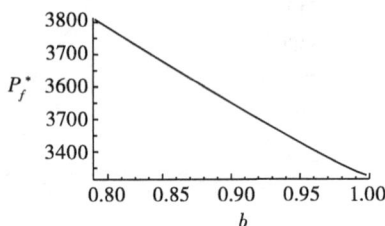

图 7-15　P_f^* 与 b 的关系

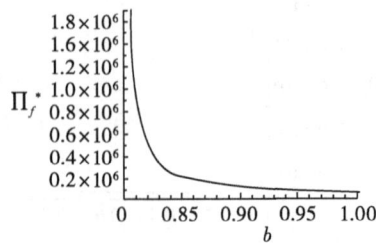

图 7-16　Π_f^* 与 b 的关系

从图 7-15 和图 7-16 可知，最优投产量和最优投产量期望成本随着合格率均匀分布参数 b 的增加而减少。

7.3 分散与集中决策比较分析

根据供应链分散决策和集中决策敏感性分析，我们得到它们各自最优投产量和最优期望成本与相关参数的异同，如表 7-1 所示。从表 7-1 可知：第一，在参数 m 和 a 增加时，分散决策最优投产量期望成本是单调减少，而集中决策最优投产量期望成本是先减少后增加；在参数 b 增加时，分散决策最优投产量期望成本是先增加后减少，而集中决策最优投产量期望成本是单调减少；第二，分散决策销售商期望成本不随着参数 a 和 b 的变化而变化，主要原因是在分散决策中，我们仅考虑到供应链的单向（从销售商到供应商）关系。

表 7-1 最优投产量和最优期望成本与相关参数的异同

	m	n	a	b
P_d^*	↗	↗	↗↘	↘
$E_d^*(Q_s)$	↘	↗	—	—
$E_d^*(P)$	↗	↗	↘	↘↗
Π_d^*	↘	↗	↘	↘↗
P_f^*	↗	↗	↗↘	↘
Π_f^*	↘↗	↗	↘↗	↘

注：↗表示递增，↘表示递减，↗↘表示先增加后减少，↘↗表示先减少后增加，—表示不相关或者不随着参数的变化而变化。

一般地，当市场自由竞争发展到一定的程度，销售商订货不足缺货单位成本将会等于过量订购单位成本；当企业运营平稳时，产品欠产再投产的单位成本和产品过量产出的单位处理成本大致相同。所以，我们假设 $C_s \approx C_o > C_r$，$C_g \approx C_q > C_r$。为了简化计算，我们设 $C_s = C_o = \beta C_r$，$C_g = C_q = \alpha C_r$，产品合格率和销售量服从均匀分布，它们分别是 $r \sim U[0, 1]$ 和 $Q \sim U[m, \gamma m]$，其中 $0 > 1$。

把以上数据代入式（7.14）和式（7.38），化简可得：

$$P_d^* = \frac{\sqrt{2}\sqrt{(\gamma+1)C_r m(\alpha+1)(\alpha m C_r(\gamma+1)+2S)}}{2C_r(\alpha+1)} \quad (7.47)$$

$$P_f^* = \frac{\sqrt{C_r(\alpha+1)\left(\frac{2}{3}m(\gamma^2+\gamma+1)\alpha C_r + S(\gamma+1)\right)m}}{C_r(\alpha+1)} \quad (7.48)$$

令 $(P_f^*)^2 - (P_d^*)^2$，化简可得：

$$(P_f^*)^2 - (P_d^*)^2 = \frac{m^2 \alpha (\gamma-1)^2}{6(\alpha+1)} \quad (7.49)$$

所以有，若 $C_s = C_o = \beta C_r$，$C_g = C_q = \alpha C_r$，$r \sim U[0,1]$ 和 $Q \sim U[m, \gamma m]$，其中 $\gamma > 1$，那么集中决策最优投产量多于分散决策最优投产量。

7.4 算例

某铝业有限公司，其中有一产品，超产单位成本为每千克230元，欠产再投产单位成本为每千克200元，不合格产品处理单位成本为每千克120元，再次投产的准备费用每次为3500元。管理人员根据产品的技术要求和生产系统的技术现状，预计产品生产过程合格品率均匀分布在80%到100%之间。通过市场销售数据可知，该产品的需求随机均匀分布在500千克到5000千克之间，销售商订货不足缺货单位成本 $C_s = 600$ 元/千克，销售商过量订购单位成本 $C_o = 480$ 元/千克。请分别计算产品在集中决策和分散决策下最优投产量以及对应的成本。

依题意有：$C_r = 120$ 元/千克，$C_g = 230$ 元/千克，$C_q = 200$ 元/千克，$C_s = 600$ 元/千克，$C_o = 480$ 元/千克，$S = 3500$ 元/次，$Q \sim U[500\text{千克}, 5000\text{千克}]$ 和 $r_o \sim U[0.8, 1]$。

7.4.1 分散决策

（1）销售商订购决策。

把 $C_s = 600$ 元/千克，$C_o = 480$ 元/千克和 $Q \sim U[500\text{千克}, 5000\text{千}$

克］代入式（7.3），化简可得：

$$E_d(Q_s) = \frac{3}{25}Q_s^2 + 1680000 - 720Q_s \qquad (7.50)$$

根据式（7.50）作 $E_d(Q_s)$ 与 Q_s 的关系图，如图 7-17 所示。从图 7-17 可知，销售商订购费用随着订购量的增加先减少后增加，存在最优的订购量使得订购成本最小。

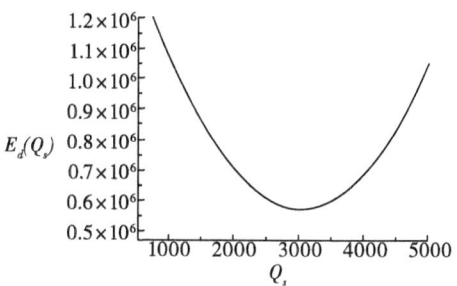

图 7-17 $E_d(Q_s)$ 与 Q_s 的关系

把 $C_s = 600$ 元/千克，$C_o = 480$ 元/千克和 $Q \sim U$ [500 千克，5000 千克］代入式（7.10）可得销售商的最优订购量为：

$$Q_s^* = \frac{mC_o + nC_s}{C_s + C_o} = \frac{500 \times 480 + 5000 \times 600}{480 + 600} = 3000 \text{ 千克} \qquad (7.51)$$

把 $C_s = 600$ 元/千克，$C_o = 480$ 元/千克和 $Q \sim U$（500 千克，5000 千克）代入式（7.11）可得销售商的最小成本为：

$$E_d^*(Q_s) = \frac{C_s C_o (n-m)}{2(C_s + C_o)} = \frac{480 \times 600 \times (5000 - 500)}{2 \times (480 + 600)} = 600000 \text{（元）} \qquad (7.52)$$

（2）供应商投产量决策。

把 $C_r = 120$ 元/千克，$C_g = 230$ 元/千克，$C_q = 200$ 元/千克，$C_s = 600$ 元/千克，$C_o = 480$ 元/千克，$S = 3500$ 元/次，$Q \sim U$ [500 千克，5000 千克] 和 $r_o \sim U$ [0.8，1] 代入式（7.13），化简可得：

$$E_d(P) = \frac{907P^2 + 9.7275 \times 10^9 - 5.864 \times 10^6 P}{P} \qquad (7.53)$$

根据式（7.53）作 $E_d(P)$ 与 P 关系图，如图 7-18 所示。从图 7-18 可知，供应商投产量期望成本随着投产量的增加先减少后增加，存在最优的投产量使得投产量期望成本最小。

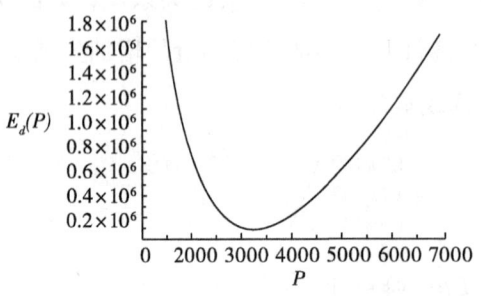

图 7-18　$E_d(P)$ 与 P 的关系

把 $C_r = 120$ 元/千克，$C_g = 230$ 元/千克，$C_q = 200$ 元/千克，$C_s = 600$ 元/千克，$C_o = 480$ 元/千克，$S = 3500$ 元/次，$Q \sim U[500\text{千克}, 5000\text{千克}]$ 和 $r_o \sim U[0.8, 1]$ 代入式（7.14），可得供应商最优投产量为：

$$P_d^* = \frac{\sqrt{w_3}}{(C_s + C_o)\sqrt{w_4}} = 3275（千克） \tag{7.54}$$

把 $P = P_d^* = 3275$ 千克，以及 $C_r = 120$ 元/千克，$C_g = 230$ 元/千克，$C_q = 200$ 元/千克，$C_s = 600$ 元/千克，$C_o = 480$ 元/千克，$S = 3500$ 元/次，$Q \sim U[500\text{千克}, 5000\text{千克}]$ 和 $r_o \sim U[0.8, 1]$ 代入式（7.13），可得供应商投产量最小成本为：

$$E_d^*(P) = \frac{w_1 P^2 + w_2 P - w_3}{2P(a-b)(C_s + C_o)^2} = 77000（元） \tag{7.55}$$

所以，分散决策时最优的总成本为 6.77×10^5 元。

7.4.2　集中决策

把 $C_g = 230$ 元/千克，$C_q = 200$ 元/千克，$C_r = 120$ 元/千克，$S = 3500$ 元，$r_o \sim U[0.8, 1]$ 和 $Q \sim U[500\text{千克}, 5000\text{千克}]$ 代入式（7.37），化简可得：

$$\Pi_f = \frac{9.99 \times 10^9}{P} - 5.3765 \times 10^6 + 907P \tag{7.56}$$

根据式（7.56）作 Π_f 与 P 的关系图，如图 7-19 所示。从图 7-19 可知，集中决策投产量期望成本随着投产量的增加先减少后增加，存在最优的投产量使得投产量期望成本最小。

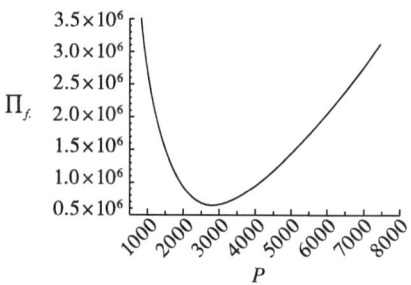

图 7-19　Π_f 与 P 的关系

把 $C_g = 230$ 元/千克，$C_q = 200$ 元/千克，$C_r = 120$ 元/千克，$S = 3500$ 元，$r_o \sim U[0.8, 1]$ 和 $Q \sim U[500\ \text{千克}, 5000\ \text{千克}]$ 代入式（7.38），计算可得：

$$P_f^* = \frac{\sqrt{3}}{3} \frac{\sqrt{\eta_3}}{\sqrt{w_4}} = 3319\ (\text{千克}) \tag{7.57}$$

把 $P = P_f^* = 3319$ 千克，以及 $C_r = 120$ 元/千克，$C_g = 230$ 元/千克，$C_q = 200$ 元/千克，$S = 3500$ 元/次，$Q \sim U[500\ \text{千克}, 5000\ \text{千克}]$ 和 $r_o \sim U[0.8, 1]$ 代入式（7.37），可得集中决策投产量最小成本为：

$$\Pi_f = \frac{\eta_1 P^2 + \eta_2 P - \eta_3}{6P(a-b)} = 6.44 \times 10^5\ (\text{元}) \tag{7.58}$$

从以上计算可知，分散决策最优成本比集中决策多，多了 0.33×10^5 元（6.77×10^5 元 $- 6.44 \times 10^5$ 元）。

为了弄清楚分散决策成本与集中决策成本与投产量的关系，作 Π_d（$\Pi_d = E_d^*(Q_s) + E_d(P)$），$\Pi_f$ 和 P 的关系图，如图 7-20 所示。从图 7-20 可知，当投产量 P < 2350 千克时，$\Pi_d < \Pi_f$；当投产量 P > 2350

千克时，$\prod_d > \prod_f$。

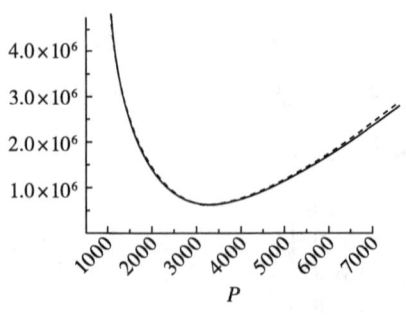

图 7-20 $\prod_d$，$\prod_f$ 与 P 关系

7.5 本章小结

通过算例可知，供应链的分散决策模型和集中决策模型都存在最优投产量使得成本最小。其中，集中决策投产量模型的最优投产量多于分散决策模型，但是集中决策模型的最优投产量期望成本却较小。

在分散决策模型中，考虑销售商以最优订购量进行订购，供应商以订购量为产出量进行投产，建立了供应商投产量模型，证明了模型存在最优投产量。通过需求和产品合格率服从均匀分布模型的分析得到了最优投产量数学表达式，推导了最优投产量随着产品的再投产准备费用、需求均匀分布均值和销售商订货不足缺货单位成本的增加而增加，随着产品不合格单位处理成本和销售商过量订购单位成本的增加而减少。最后，通过敏感性分析验证了推导的结论以及给出了一些不能推导的相关结果：如，最优的供应商投产量期望成本随着需求均匀分布均值、产品不合格单位处理成本、过量产出单位处理成本、欠产再投产单位成本和产品的再投产准备费用的增加而增加，随着合格率均匀分布下限和销售商过量订购单位成本的增加而减少，随着合格率均匀分布上限先增加后减少。

在集中决策模型中，考虑面对需求的不确定性和产出产品合格率的不确定性，建立了投产量决策模型，证明了模型存在最优投产量。通过需求和产品合格率服从均匀分布模型的分析得到了最优投产量数学表达式，推导了最优投产量随着产品的再投产准备费用和需求均匀分布均值的增加而增加，随着产品不合格单位处理成本的增加而减少。最后，通过敏感性分析验证了推导的结论以及给出了一些不能推导的相关结果：如，最优投产量随着不合格率均匀分布上限、过量产出单位处理成本的增加而减少，随着欠产再投产单位成本增加而增加，随着不合格率均匀分布上限的增加先增加后减少。

因为本章考虑投产量决策时以成本优化为目标，所以仅分析比较了供应链下分散决策最优投产量与集中决策最优投产量之间的异同。关于在分散决策下，如何协调供应商和销售商的关系，如采用回购契约进行利润分配等来实现整体最优化是未来研究的内容。

参考文献

[1] A Grosfeld-Nir, B Ronen. A single bottleneck system with binomial yields and rigid demand[J]. Management Science,1993,165(1):231-250.

[2] C A Yano, H L Lee. Lot sizing with random yields: A review[J]. Operations Research, 1995,43(2): 311-334.

[3] Dettenbach, Marcus. The value of supply chain visibility when yield is random [M]. Berlin:Logos-Verl, 2015(4):1-30.

[4] 万娜娜. 单周期随机需求下基于协调策略的供应链库存系统可靠性研究[J]. 系统科学学报,2012,20(3):84-87.

[5] M Iwase, K Ohno. Analysis of a make-to-order production-inventory system with stochastic production capacity and demand[J]. Journal of Japan Industrial Management Association,2008,59(1):21-33.

[6] 张毕西,宋静,关柳颖. 基于订单式生产下的产品计划投产量决策[J]. 系统工程理论与实践,2008,28(7):165-168.

[7] O Besbes, C Maglaras. Revenue optimization for a make-to-order queue in an uncertain market environment[J]. Operations Research,2009,57(6):1438-1450.

[8] H L Gao, B Dan, Y G Jing. A production planning model for make-to-order companies with capacity constraint[J]. Advanced Materials Research, 2011(201-203):1066-1069.

[9] S K Chaharsooghi, M Honarvar, M Modarres. A multi-stage stochastic pro-

gramming model for dynamic pricing and lead time decisions in multi – class make – to – order firm[J]. Scientia Iranica,2011,18(3):711 –721.

[10] K Altendorfer,S Minner. Simultaneous optimization of capacity and planned lead time in a two – stage production system with different customer due dates [J]. European Journal of Operation Research,2011, 213(1):134 –146.

[11] 谢祥添. 订单式生产企业系统建模与优化[D]. 广东工业大学博士学位论文, 2015(4):60 –84.

[12] K Ueda,A Lengyel,I Hatono. Emergent synthesis approaches to control and planning in make to order manufacturing environments[J]. CIRP Annals – Manufacturing Technology,2004,53(1): 385 –388.

[13] T S Lan,C Y Lo,J L Deng. Optimum production planning model under probabilistic market demand[J]. IEEE International Conference on Industrial Engineering & Engineering Management,2008:1153 –1157.

[14] M Ebadian,M Rabbani,S A Torabi,et al. Hierarchical production planning and scheduling in make – to – order environments:Reaching short and reliable delivery dates[J]. International Journal of Production Research,2009,47(20):5761 –5789.

[15] H Stefansson, P Jensson,N Shah. Procedure for reducing the risk of delayed deliveries in make – to order production[J]. Production Planning & Control, 2009,20(4):332 –342.

[16] F Arredondo, E Martinez. Learning and adaptation of a policy for dynamic order acceptance in make – to – order manufacturing[J]. Computers & Industrial Engineering, 2010,58(1):70 –83.

[17] H Jodlbauer,S Reitner. Optimizing service – level and relevant cost for a stochastic multi – item cyclic production system[J]. International Journal of Production Economics,2012,136(2):306 –317.

[18] 许洁,阚树林,楚云军,等. 基于排队论的在线订单生产系统指标优化

与仿真[J]. 机械制造,2008,46(11):9-12.

[19] Z L Chen, G Pundoor. Order assignment and scheduling in a supply chain [J]. Operations Research,2006,54(3):555-572.

[20] Harris F W. How many parts to make at once in factory[J]. The magazine of Management,1913(10):135-136.

[21] Wilson R H. A scientific routine for stock control[J]. Harvard Business Review,1934, 13(1):116-128.

[22] E H Bowman. Production scheduling by the transportation method of linear programming[J]. Operations Research,1956,4(1):100-103.

[23] Manne A S. Programming of economic lot sizes[J]. Management Science, 1958,4(2): 115-135.

[24] Harvey M W, Thomson M W. Dynamic version of the economic lot size model[J]. Management Science, 1958,5 (1):89-96.

[25] Baker C T, Dzielinski B P, Manned A S. Simulation tests of lot size programming[J], Management Science,1963,(9)2: 229-258.

[26] Dzielinski B P, Gomory R E. Optimal programming of lot sizes, inventory, and labor allocation[J]. Management Science,1965, 11(9): 874-890.

[27] Lasdon L S, Terjung R C. An efficient algorithm for multi-item scheduling [J]. Operations Research,1971,19(19):946-969.

[28] Hax A C, Candea. Production and inventory management[M]. Journal of the Operational Society,1984,17(42): 43.

[29] Tersine R J, Price R L. Temporary price discounts and EOQ[J]. Journal of Purchasing & Materials Management, 1981,17(4):23-27.

[30] Lev B, Weiss H J. Inventory models with cost changes[J]. Operations Research,1990, 38(1):53-63.

[31] Gascon A. On the finite horizon EOQ model with cost changes [J]. Operations Research, 1995, 43(4):716-717.

[32] Yano C A, Lee H L. Lot sizing with random yields: A review [J]. Operations Research, 1995, 43(2): 311 – 334.

[33] Karlin S. One stage inventory models with uncertainty: Studies in the mathematical theory of inventory and production [M]. Stanford University Press, 1958:109 – 134.

[34] Gregory W R, Dov A B. On determination of optimal shrinkage allowance in a job shop[J]. Journal of Industrial Engineering, 1967, 18(4):284 – 289.

[35] Shih W. Optimal inventory policies when stockouts result from defective products[J]. International Journal of Production Research, 1980, 18(6): 677 – 686.

[36] Yano C A. The product cycling problem in systems with uncertain production yields [J]. IEEE Transactions on Robotics and Automation, 1990, 6(6):640 – 651.

[37] Yano C A. Optimal policies for a serial production system with setup costs and variable yields [EB/OL]. https://deepblue.lib.umich.edu/handle/2027.42/8394,1986.

[38] Yano C A, Chan T J. Production and procurement policies for an assemblysystem with random – yield components[R]. https://deepblue.lib.umich.edu/handle/2027.42/8377, 1986.

[39] Gerchak Y, Wang Y, Yano C A. Lot sizing in assembly systems with random component yields[J]. IIE Transactions, 1994, 26(2): 19 – 24.

[40] Anily S. Single – machine lot – sizing with uniform yields and rigid demands: Robustness of the optimal solution[J]. Iie Transactions, 1995, 27(5): 634 – 637.

[41] Anily S, Beja A, Mendel A. Optimal lot sizes with geometric production yield and rigid demand[J]. Operations Research, 2002, 50(3):424 – 432.

[42] Tang C S, Yin R. Responsive pricing under supply uncertainty[J]. European Journal of Operational Research, 2007, 182(1):239 – 255.

[43] Feng Q. Integrating dynamic pricing and replenishment decisions under supply capacity uncertainty[J]. Management Science,2010, 56(12):2154 −2172.

[44] Tang S Y, Kouvelis P. Supplier diversification strategies in the presence of yield uncertainty and buyer competition [J]. Manufacturing, 2011, 13(4):439 −451.

[45] Wright T P. Factors affecting the cost of airplanes[J]. Journal of Aeronautical Sciences,1936, 3(4): 122 −128.

[46] Yelle L E. The learning curve:Historical review and comprehensive survey[J]. Decision Sciences,1979,10(2):302 −328.

[47] Anzanello M J,Fogliatto F S. Learning curve modeling of work assignment in mass customized assembly lines[J]. International Journal of Production Research,2007,45(13): 2919 −2938.

[48] Jaber M Y, Bonney M. The economic manufacture order quantity (EMQ/EOQ) and the learning curve:Past, present, and future[J]. International Journal of Production Economics, 1999, 59(1 −3):93 −102.

[49] Eynan A, Li C L. Lot − splitting decisions and learning effects[J]. Iie Transactions, 1997, 29(2):139 −146.

[50] Glock C H, Jaber M Y. A multi − stage production − inventory model with learning and forgetting effects,rework and scrap[J]. Computers & Industrial Engineering,2013,64(2) :708 −720.

[51] Zanoni S,Jaber M Y, Zavanella L E. Vendor Managed Inventory (VMI) with consignment considering learning and forgetting effects[J]. International Journal of Production Economics, 2012,140(2):721 −730.

[52] Jaber M Y,Givi Z S,Neumann W P. Incorporating human fatigue and recovery into the learning − forgetting process[J]. Applied Mathematical Modelling,2013,37(12 −13):7287 −7299.

[53]伏开放,陈志祥. 产出与提前期具有动态特征的采购—生产决策[J].

计算机集成制造系统,2017,23(6):1333-1340.

[54] 张毕西,关迎莹,宋静. 考虑学习率的人工作业系统批量加工模式优化[J]. 系统工程理论与实践,2010,4(4):622-627.

[55] 苏海涛,方涛,胡金枝. 基于学习曲线方法的残疾人生产线工作绩效提升研究[J]. 工业工程,2017,20(3):23-27.

[56] 胡盛强. 订单式生产人工作业系统组织与计划决策[D]. 广东工业大学博士学位论文,2012(12):87-88.

[57] Panda R M. Static inventory model with uncertainty in supply[J]. Calcutta Statistical Association Bulletin,1978,27(105-108):141-148.

[58] Noori H,Keller G. One-period order quantity strategy with uncertain match between the amount received and quantity requisitioned[J]. Information Systems & Operational Research,1986,24(1):1-11.

[59] Eskandarzadeh S,Eshghi K,Bahramgiri M,et al. Risk shaping in production planning problem with pricing under random yield[J]. European Journal of Operational Research, 2016, 253(1):108-120.

[60] Federgruen A,Zipkin P. An inventory model with limited production capacity and uncertain demands:The discounted-cost criterion[J]. Mathematics of Operations Research,1986,11(2):208-215.

[61] Van Houtum G J,Inderfurth K,Zijm W H M. Materials coordination in stochastic multi-echelon systems[J]. European Journal of Operational Research,1996,95(1):1-23.

[62] Diks E B,De Kok A G D. Optimal control of a divergent multi-echelon inventory system[J]. European Journal of Operational Research,1998,111(1):75-97.

[63] Zipkin P. Old and new methods for lost-sales inventory systems[J]. Operations Research, 2008, 56(5):1256-1263.

[64] 张菊亮,张明玉. 能力规划、促销与库存控制集成决策[J]. 系统工程学

报,2008,23(6):659-665.

[65] Gerchak Y,Vickson R G,Parlar M. Periodic review production models with variable yield and uncertain demand[J]. Iie Transactions 1988,20(2):144-150.

[66] 张毕西,宋静,关柳颖. 基于订单式生产下的产品计划投产量决策[J]. 系统工程理论与实践,2008(7):166-168,178.

[67] 谢祥添,张毕西,程硕. 产出不确定订单式生产投产批量建模与优化[J]. 系统科学学报,2017,25(3):69-73.

[68] 施国洪,于成龙,贡文伟. 基于生产不确定和需求不确定的供应链协调研究[J]. 工业工程与管理,2011,16(2):1-4.

[69] Jung J Y, Blau G, Pekny J F, et al. A simulation based optimization approach to supply chain management under demand uncertainty[J]. Computers & Chemical Engineering,2004,28(10):2087-2106.

[70] 谢祥添,张毕西. 基于不确定需求与产出的计划生产量决策[J]. 数学的实践与认识,2014,44(9):55-63.

[71] Hu F,Lim C C,Lu Z,et al. Coordination in a single-retailer two-supplier supply chain under random demand and random supply with disruption[J]. Discrete Dynamics in Nature and Society,2013,18(6):1-12.

[72] Li T, Sethi S P, Zhang J. How does pricing power affect a firm's sourcing decisions from unreliable suppliers? [J]. International Journal of Production Research,2013,51 (23):6990-7005.

[73] 胡盛强,张毕西,张湘伟,赖玉霞. 考虑合格率的 MTO 多阶段生产系统投产量优化[J]. 工业工程与管理,2012(4):57-64.

[74] Dudek G,Stadtler H. Negotiation-based collaborative planning between supply chains partners[J]. European Journal of Operational Research,2005, 163(3):668-687.

[75] He Yong,Zhao Xuan. Coordination in multi-echelon supply chain under supply and demand uncertainty[J]. International Journal of Production Eco-

nomics,2012,139(1):106-115.

[76] Cachon G P. Supply chain coordination with contracts[J]. Handbook in Operations Research and Management Science: Supply Chain Management, North-Holland,2001(9):1-95.

[77] 朱宝琳,于海斌. 基于协商的上下游供需合作计划模型研究[J]. 计算机集成制造系统,2002,8(6):438-441.

[78] 杨文胜,马士华,李莉. 基于供应链相应时间的协同计划模型[J]. 预测,2004,23(5):52-56.

[79] Dudek Gregor. Collaborative planning in supply chains: A negotiation-Based Approach[M]. Springer-Verlag Berlin and Heidelberg GmbH & Co. K,2004,(3):1-244.

[80] Hemandez J E, Poler R, Mula J, David. Collaborative tactical Planning in multi-level supply chains supported multi-agent systems[J]. Balanced Automation Systems for Future Manufacturing Networks, 2010(322): 260-267.

[81] 黄馄,马士华,冷凯君,等. 订单不确定条件下的供应链协同决策研究[J]. 中国管理科学,2011,19(1):62-68.

[82] 戚守峰,张吉善,张川等. 基于代理的分散式生产—分销系统协同计划模型系统[J]. 计算机集成制造系统,2010(4):822-827.

[83] Zhang G Q, Jermifer S, Li W L. Collaborative production planning of supply chain under price and demand uncertainty[J]. European Journal of Operational Research,2011(215):590-603.

[84] 马士华,王福寿. 时间价格敏感型需求下的供应链决策模式研究[J]. 中国管理科学,2006(3):13-19.

[85] 朱琳,王圣东. 随机产出下两级供应链供需双方的博弈[J]. 系统管理学报,2011,20(6):734-738.

[86] 张文杰,骆建文. 随机产出风险下的供应链协调研究[J]. 系统管理学

报,2013,22(1):133-137.

[87] Cachon G P. Supply chain management: Design, coordination and operation [J]. Handboods in Operations Research and Management Science, 2003 (11): 229-339.

[88] Lariviere M A. Supply chain contracting and coordination with stochastic demand [A]. Quantitative Models for Supply Chain Management, Kluwer, Boston, MA, 1999: 233-268.

[89] Lariviere M A, Porteus E L. Selling to the newsvendor: An analysis of price-only contracts [J]. Manufacturing and Service Operations Management, 2001, 3(4): 293-305.

[90] 秦娟娟,赵道致. 力量不对等供应链中不同定价权下的契约选择[J]. 中国管理科学, 2009, 22(6): 13-20.

[91] 于辉,王菲. 基于批发价定价权转移的制造商渠道选择[J]. 工业工程, 2010, 13(5): 35-39.

[92] 李栩樾. 零售商响应定价的供应链双批发价合同研究[D]. 南京大学硕士学位论文, 2014(5): 7-18.

[93] 高举红,滕金辉,侯丽婷,刘晓瑜. 需求不确定下考虑竞争的闭环供应链定价研究[J]. 系统工程学报, 2017(1): 78-88.

[94] 钟磊钢,林琳,马钦海. 基于二级供应链的利润分配策略分析[J]. 系统工程学报, 2005, 20(6): 644-648.

[95] 周明,张异,李勇,等. 供应链质量管理中的最优合同设计[J]. 管理工程学报, 2006(3): 120-122.

[96] 孙多青,马晓英. 基于博弈论的多零售商参与下逆向供应链定价策略及利润分配[J]. 计算机集成制造系统, 2012(4): 867-874.

[97] 梁艳. 两级生产与需求不确定的供应链收益共享契约机制[J]. 数学的实践与认识, 2016(6): 1-10.

[98] 徐晓婷. 基于收益共享契约的双渠道供应链协调研究[D]. 鲁东大学

硕士学位论文,2016(6):31-47.

[99] 张廷龙,房进军. 考虑分销效率的零售商双渠道供应链定价与协调研究[J]. 统计与决策,2017(8):33-37.

[100] 谢如鹤,廖晶,赖月蓉. 基于 Stackelberg 博弈的蔬菜供应链利润分配及实证研究[J]. 广州大学学报(社会科学版), 2017(6):61-67.

[101] Atalay A, V Daniel R. Guide, Jr. Wassenhove L N V. Product reuse economics in closed-loop supply chain research[J]. Production and Operations Management,2008, 17(5):483-496.

[102] French M L, LaForge R L. Closed-loop supply chains in process industries:An empirical study of producer reuse issues[J]. Journal of Operations Management,2006(24):271-286.

[103] Guide V D R,Harrison T P,Wassenhove L N V. The challenge of closed-loop supply chains[J]. Interfaces,2003,33(6):3-6.

[104] Jayaraman V,Patterson R A, Rolland E. The design of reverse distribution networks:Models and solution procedures[J]. European Journal of Operational Research, 2003, 150(1):128-149.

[105] Krikke H,Bloemhof-Ruwaard J,Wassenhovec L N V. Concurrent product and closed-loop supply chain design with an application to refrigerators [J]. International Journal of Production Research, 2003, 41(16):3689-3719.

[106] Kumar S, Malegeant P. Strategic alliance in a closed-loop supply chain, a case of manufacturer and eco-non-profit organization[J]. Technovation, 2006, 26(10):1127-1135.

[107] Georgiadis P, Besiou M. Environmental and economical sustainability of WEEE closed-loop supply chains with recycling:A system dynamics analysis[J]. The International Journal of Advanced Manufacturing Technology, 2009, 47(5-8):475-493.

[108] Chen C, Monahan G E. Environmental safety stock:The impacts of regula-

tory and voluntary control policies on production planning, inventory control, and environmental performance[J]. European Journal of Operational Research, 2010, 207(6):1280 – 1292.

[109] Neto J Q F, Walther G, Bloemhof J, et al. From closed – loop to sustainable supply chains: The WEEE case[J]. International Journal of Production Research,2010, 48(15):463 – 481.

[110] Richter, K. The EOQ repair and waste disposal model with variable setup numbers[J]. European Journal of Operational Research,1996, 95(2):313 – 324.

[111] Teunter, R. Economic ordering quantities for remanufacturable item inventory systems[J]. Naval Research Logistics,2001,48(6): 484 – 495.

[112] Kiesmuller, G P and Van der Laan, E. An inventory model with dependent product demands and returns[J]. International Journal of Production Economics,2001,72(1): 73 – 87.

[113] Minner, S, Kleber, R. Optimal control of production and remanufacturing in a simple recovery model with linear cost functions[J]. OR – Spectrum,2001, 23(1):3 – 24.

[114] Muckstadt, J A, Issac, M H. An analysis of single item inventory systems with returns [J]. Naval Research Logistics Quarterly,1981,28(1):237 – 254.

[115] Van der Laan E, Dekker R, Salomon, M. Inventory control in hybrid systems with remanufacturing [J]. Management Science, 1999, 45 (5): 733 – 747.

[116] Bayindir, Z P, Erkip, N, Gullu, R. A model to evaluate inventory costs in a remanufacturing environment[J]. International Journal of Production Economics, 2003(81 – 82):597 – 607.

[117] Brito, M, Dekker, R. A Framework for Reverse Logistics[R]. Springer Berlin Heidelberg , 2004 (ERS – 2003 – 045 – LIS) :3 – 27.

[118] R Kleber. The integral decision on production/remanufacturing technology and

investment time in product recovery [J]. OR Spectrum,2006,28 (1):21 -51.

[119] R Canan Savaskan. Closed – loop supply chain models with product remanufacturing [J]. Knowledge – Based Systems,2014,50(2):239 -252.

[120] 韩小花,董振宁. 双边竞争型闭环供应链回收渠道的决策分析[J]. 工业工程,2010(13):25 -29.

[121] 郑继明,李超. 市场竞争对于闭环供应链回收渠道选择的影响研究[J]. 科学技术与工程,2012(14):3419 -3423.

[122] Sandy D J,Manolis C,Barton A. Wcitz. Relationship quality and buyer – seller interactions in channels of distribution[J]. Journal of Business Research,1999,46 (3):303 -313.

[123] 张克勇,周国华. 不确定需求下闭环供应链定价模型研究[J]. 管理学报,2009 (1):45 -50.

[124] 周琴. 考虑政府奖励的闭环供应链定价模型研究[D]. 中国矿业大学,2014(5).

[125] Gu Qiaolun,Ji Jianhua,Gao Tiegang. Pricing decisions for reverse supply chains [J]. Kybernete,2011,40(5 -6):831 -841.

[126] 缪朝炜,夏志强. 基于以旧换新的闭环供应链决策模型[J]. 管理科学学报,2016, 19(9) :59 -66.

[127] Atasu A, Cetinkaya S. Lot sizing for optimal collection and use of remanufacturable return over a finite life – cycle[J]. Production and Operations Management, 2006(15):473 -487.

[128] Pishvaee M,Torabi S. A possibilistic programming approach for closed – loop supply chain network design under uncertainty[J]. Fuzzy Sets and Systems, 2010, 161 (20):2668 -2683.

[129] Pishvaee M S,Rabbani M,Torabi S A. A robust optimization approach to closed – loop supply chain network design under uncertainty[J]. Applied Mathematical Modelling, 2011, 35(2):637 -649.

[130] Georgiadis M C, Tsiakis P, Longinidis P, et al. Optimal design of supply chain networks under uncertain transient demand variations[J]. Omega, 2011, 39(3):254-272.

[131] Pan Z T, O L. Capacitated dynamic lot sizing problems in closed-loop supply chain[J]. European Journal of Operational Research, 2009(198):810-821.

[132] Rubio S, Corominas A. Optimal manufacturing-remanufacturing policies in a lean production environment[J]. Computers & Industrial Engineering, 2008,(55):234-242.

[133] Zhou L, Disney S M. Bullwhip and inventory variance in a closed loop supply chain[J]. OR Spectrum, 2005, 28:127-149.

[134] Atasu A, Cetinkaya S. Lot sizing for optimal collection and use of remanufacturable return over a finite life-cycle[J]. Production and Operations Management, 2006(15):473-487.

[135] 张毕西,周艳,赵伟. 订货生产式企业作业任务交货期决策研究[J]. 工业工程,2004,7(1):26-28.

[136] 张毕西. 生产运营管理[M]. 北京:机械工业出版社,2011(9):38-54.

[137] 刘绘珍. 订单式生产人工作业系统组织与优化[D]. 广东工业大学博士学位论文,2012(6):20-60.

[138] 廖朝辉,胡盛强,张毕西. 订单式生产人工作业系统自组织特性分析[J]. 科技管理研究,2011,24(250):19-204.

[139] 宋静. 人工作业系统的组织与优化研究[D]. 广东工业大学博士学位论文,2012.

[140] 梁樑,王志强. 基于MTO生产策略供应链整体设计决策模型[J]. 中国工程科学,2005(5):57-62.

[141] 梁樑,王志强. 考虑客户个性化需求基于MTO生产策略供应链整体设计决策模型[J]. 管理工程学报,2005(5):155-157.

[142] Ozbayrak M, Papadopoulou T C, Samaras, E. A flexible and adaptable planning and control system for an MTO supply chain system[J]. Robotics and Computer – Integrated. Manufacturing,2006, 22(5 – 6):557 – 565.

[143] Ma Zengzhi,Wang Longshan,Gao Hong,Modeling and analysis of supply chain system for MTO based on GSPN approach[C]. Proceedings of the IEEE on Automation and Logistics, ICAL 2007,2007:2555 – 2559.

[144]张毕西,谢祥添. 基于BP神经网络多品种、小批量、订单式的生产交货期预测问题研究[J]. 价值工程,2007,26（8）:11 – 13.

[145]倪卫涛,周晶. 基于MTO生产方式的供应链设计研究[J]. 物流技术,2007（4）：82 – 84.

[146]付秋芳. 基于时间竞争的MTO供应链响应时间模型研究[J]. 科技管理研究,2007(8):175 – 177.

[147]聂兰顺,徐晓飞. MTO型供应链的价格/交货期协商支持模型[J]. 信息与控制,2007(4):129 – 135.

[148] Frei R, Di Marzo Serugendo, G, Barata, J. Designing self – organization for evolvable assembly systems[C]. Second IEEE International Conference on Self – Adaptive and Self – Organizing Systems (SASO), 2008(2):97 – 106.

[149] Chen,Z. – L, Guruprasad,P. Integrated order scheduling and packing [J]. Production & Operations Management, 2009, 18(6):672 –692.

[150]Xie Gang,Yue,Wuyi,Wang Shouyang. Quality decision in a make – to – order supply chain with uncertain demand[J]. The 7th International Conference on Service Systems and Service Management,2010(9):744 – 748.

[151]钱翔. 闭环供应链中设施选址、生产批量和定价问题的研究[D]. 清华大学硕士学位论文,2013(6):15 – 30.

[152]郑佳琳. 产出与需求不确定下供应链Stackelberg博弈模型研究[J]. 现代营销,2017（6）:76.

附录1 生产批量动态规划算法代码

生产批量（算例3.4.3）动态规划算法代码

```cpp
#include <iostream.h>
#define N 100
#define q 3
#define p 6
void main ()
{double f [N], sum =0, sum1 =0, w[N], h[N],      //初始化；
e[N], c[N], min =0;
int n, s[N], g[N], u[N], t[N], max =0;
for( int i =0; i <N; i + +)
{s[i] =0; g[i] =0;
u[i] =0;
t[i] = -1; f[i] =0;
e[i] =0; c[i] =0; w[i] =0, h[i] =0;}
cout < <" 请输入阶段数 n";
cin > >n;
cout < <" 请输入各阶段库存量数";
for(i =0; i <n; i + +)
```

```cpp
cin>>s[i];
cout<<"请输入各阶段需求量数";
for(i=0;i<n;i++)
cin>>g[i];
cout<<"得到库存量的费用";
for(i=0;i<n;i++)
{e[i]=0.50*s[i];
cout<<e[i]<<" ";}
cout<<endl;
for(i=0;i<n;i++)                //求u[n]的范围(k=n时);
t[i]=g[n-1]-s[i];
for(i=0;i<n;i++)
{if(t[i]>=0){
u[i]=t[i];
cout<<u[i]>>"   ";
if(u[i]==0) c[i]=0;
else c[i]=3+u[i];}
else break;}
cout<<endl;
for(int j=0;j<=i-1;j++)         //求总成本值(k=n时);
{f[j]=e[j]+c[j];
cout<<f[j]<<" ";}
cout<<endl;
for(int k=n-1;k>=1;k--)         //求n-1到1的值;
{
for(i=0;i<n;i++)
{if(g[k-1]-s[i]>0) max=g[k-1]-s[i];   //求u[i]
```

的范围;

　　else max = 0;

　　for $(j = k - 1; j < n; j + +)$

　　sum + = g[j];

　　　　sum1 = g[$k-1$] + q - s[i];

　　if (sum > = sum1) min = sum1;

　　else min = sum;

　　if (min > p)　　min = p;

　　for (int $j = 0$; max < = min; max + +, j + +)

　　{u[j] = max; cout < < u[j] < <" ";

　　if (u[j] = = 0) c[j] = 0;

　　else c[j] = 3 + u[j];

　　w[j] = f[s[i] + u[j] - g[$k-1$]] + c[j] + e[s[i]];　　　//求总成本值用逆序递推法;

　　　cout < < w[j] < <"　　";}

　　double t = 0;

　　　for(int $l = 0$; l < j - 1; l + +)　　　　　　　　//求w[m]的排序用冒泡法;

　　for(int $m = 0$; $m < j - l$; m + +)

　　if (w[m] > w[$m+1$])

　　{t = w[m]; w[m] = w[$m+1$]; w[$m+1$] = t;}

　　h[s[i]] = w[0];

　　cout < <" min = " < < h[s[i]];

　　cout < < endl;　　　　}

　　for (int $a = 0$; $a < n$; a + +)

　　f[a] = h[s[a]];

　　cout < < endl;

if ($k==1$) break;
}
cout<<" 由于最后只有 s[0]，所以最后一块第一行就是最少费用等于"<<f[0];}

附录2 "步长—比较"算法程序代码

最优投产批量和最优投产期望成本（算例4.4.2）"步长—比较"算法程序代码

```
function Y = tcpl(l,h,d)
```

$P = l$；

$r_{d1} = 0$；

$\rho_{rd1} = 0.1$；

$r_{d2} = 0.05$；

$\rho_{rd2} = 0.15$；

$r_{d3} = 0.1$；

$\rho_{rd3} = 0.35$；

$r_{d4} = 0.15$；

$\rho_{rd4} = 0.3$；

$r_{d5} = 0.2$；

$\rho_{rd5} = 0.1$；

$Q = 1000$；

$C_r = 120$；

$C_g = 230$；

$C_q = 200$；

$S = 3500$;

$A = 1000000$;

while $P < h$

if $P \times (1 - r_{d1}) >= Q$

$E_{d,1}(P) = \rho_{rd1} \times ((P \times (1 - r_{d1}) - Q) \times C_g + C_r \times r_{d1} \times P)$

else

$E_{d,1}(P) = \rho_{rd1} \times ((Q - P \times (1 - r_{d1})) \times C_q + C_r \times r_{d1} \times P + S)$

end

if $P \times (1 - r_{d2}) >= Q$

$E_{d,2}(P) = \rho_{rd2} \times ((P \times (1 - r_{d2}) - Q) \times C_g + C_r \times r_{d2} \times P)$

else

$E_{d,2}(P) = \rho_{rd2} \times ((Q - P \times (1 - r_{d2})) \times C_q + C_r \times r_{d2} \times P + S)$

end

if $P \times (1 - r_{d3}) >= Q$

$E_{d,3}(P) = \rho_{rd3} \times ((P \times (1 - r_{d3}) - Q) \times C_g + C_r \times r_{d3} \times P)$

else

$E_{d,3}(P) = \rho_{rd3} \times ((Q - P \times (1 - r_{d3})) \times C_q + C_r \times r_{d3} \times P + S)$

end

if $P(1 - r_{d4}) >= Q$

$E_{d,4}(P) = \rho_{rd4} \times ((P \times (1 - r_{d4}) - Q) \times C_g + C_r \times r_{d4} \times P)$

else

$E_{d,4}(P) = \rho_{rd4} \times ((Q - P \times (1 - r_{d4})) \times C_q + C_r \times r_{d4} \times P + S)$

end

if $P \times (1 - r_{d5}) >= Q$

$E_{d,5}(P) = \rho_{rd5} \times ((P \times (1 - r_{d5}) - Q) \times C_g + C_r \times r_{d5} \times P)$

else

$E_{d,5}(P) = \rho_{rd5} \times ((Q - P \times (1 - r_{d5})) \times C_q + C_r \times r_{d5} \times P + S)$

end

$E_d(P) = E_{d,1}(P) + E_{d,2}(P) + E_{d,3}(P) + E_{d,4}(P) + E_{d,5}(P)$

  if $E_d(P) <= A$

$A = E_d(P)$;

$Y = P$;

  end

$P = P + d$;

end

P

A

end

后 记

本书以我国订单生产式企业为研究对象，以生产批量为主线，从供应链视角来考虑订单式企业生产批量建模与优化问题。得到的结论如下：

（1）生产批量决策。①构建了单阶段和两阶段最优生产批量模型并求解出最优生产批量表达式，通过对比不同阶段的表达式发现：单阶段的最优生产批量表达式是关于生产单位成本、缺货单位成本和库存单位成本的需求分布函数的反函数，而两阶段第一阶段的最优生产批量表达式是缺货单位成本和库存单位成本的需求分布函数的反函数。同时，从两阶段第二阶段最优生产批量表达式发现：第二阶段最优生产批量除了与第二阶段的需求量分布函数、缺货单位成本、库存单位成本和生产单位成本相关外，还与第一阶段的随机需求量及第一阶段的最优生产批量相关，且随着第一阶段的随机需求量的增加而增加，随着第一阶段的最优生产批量增加而减少。②建立了多阶段单产品和多阶段多产品生产批量决策模型，采用动态规划算法证明各个阶段存在最优生产批量。

（2）投产量决策。①建立产品不合格率服从连续随机分布的投产量模型，对投产量求导，解出最优投产量表达式，得到了存在最优投产量需满足的条件。②在产品不合格率服从离散随机分布投产模型中，设计了步长—比较算法来求解模型的最优投产量。③根据"学习曲线"原理，基于学习曲线投产模型，得到了最优投产量。

（3）不确定产出供应链投产量决策。①考虑供应商产出合格产品的不确定性，建立以期望利润为目标的供应商和销售商二级供应链集中决策和分散决策两种模型。无论是集中决策模型还是分散决策模型都存在最优投产量使得期望利润取得最大值。通过求导解出对应的最优投产量表达式并分析得出：在集中决策中，最优投产量随着市场潜在需求增加而增加，随着生产成本、合格率标准方差的增加而减少；在分散决策中，最优投产量随着市场潜在需求增加而增加；随着价格弹性系数、合格率标准方差的增加而减少。②在分散决策模型中，分别从供应商和供应链角度，求解得到相应的最优批发价，虽然从供应链角度获得的最优利润优于从供应商角度获得的利润，但是此时的供应商最优利润为0，销售商占有整个供应链利润。为此，考虑销售商和供应商分配的利润不低于从供应商角度决策批发价得到的最优利润，构建了利润协调模型，得到了利润分配系数的取值范围。

（4）不确定产出闭环供应链投产量决策。基于产出的不确定性和旧产品的回收，考虑供应商供应、销售商出售和回收，以投产量和消费者回收价为决策变量，建立闭环供应链集中和分散两种模型。通过对模型的投产量和消费者回收价分别求二阶偏导数分析可知，两种模型都存在着联合最优投产量和最优消费者回收价。因此，在闭环供应链集中决策下，最优投产量比一般性的供应链少；在闭环供应链分散决策下，最优投产量和最优批发价与一般性供应链相等。

（5）不确定需求与产出供应链投产量决策。①考虑需求的不确定性和产品合格率的随机性，分别建立以投产量为决策变量的供应链分散决策模型和集中决策模型。②对于分散决策模型：证明了销售商存在最优订购量，并得到了其数学表达式；考虑销售商是以最优订购量进行订购，供应商以订购量为产出量进行投产，通过对供应商投产量模型的投产量求导证明了供应商存在最优投产量。在此基础上，通过需求和产品合格率服从均匀分布模型的分析，得到了最优投产量数学表达式，推导出最优投产量随着产品因再投产产生的准备费用、需求服从均匀分布的均值以及销售商因订货不足而使得缺货单位成本的增加而增加，随着产品不合格单位处理成本和销售商过量订购单位成本的增加而减少。③对于集中决策模型，考虑不确定需求和产出，通过对投产量决策模型的投产量求导证明了模型存在最优投产量。在此基础上，通过需求和产品合格率服从均匀分布模型的分析：得到了最优投产量数学表达式，推导出最优投产量随着产品因再投产生的准备费用和需求服从均匀分布的均值的增加而增加，随着产品不合格单位处理成本的增加而减少。

随着研究的深入，笔者也会不定期地更新本书的研究内容及附加学习材料，未来笔者将对以下内容进行进一步的研究。

（1）生产批量决策。在建立多阶段生产批量决策模型中，考虑需求是定性的。实际上，需求有时是难以确定的。所以，考虑需求不确定，多阶段生产批量决策将是未来研究的内容。

（2）投产量决策。由于构建的学习率曲线是指数的，所以建立的学习曲线投产模型较复杂，难以通过数学分析展开研究，只能通过不合格率服从均匀分布来分析模型。因此，构建简单有效的学习率曲线，建立学习曲线投产模型将是未来研究的内容。

（3）不确定产出供应链投产量决策。在以市场为中心的经济环境下，大部分情况的决策主动权掌握在销售商手中，所以销售商不一定为了整个供应链利润的最大化而牺牲自己的部分利润。因此，以销售商为核心的供应链协调将是未来我们研究的方向。

（4）不确定需求闭环供应链投产量决策。根据回收对象的不同，闭环供应链可分为三类：制造商回收、销售商回收、第三方回收，本书仅研究了销售商回收这一类，有关这三类的对比分析将会是我们未来研究的内容。

（5）不确定需求与产出供应链投产量决策。因为本书考虑投产量决策时以成本优化为目标，所以仅分析比较了供应链下分散决策最优投产量与集中决策最优投产量之间的异同。关于在分散决策下，如何协调供应商和销售商的关系，如采用回购契约进行利润分配等来实现整体最优化是未来研究的内容。

最后，为了便于沟通和记录重要的问题，我们鼓励用户首先选用科学网络留言板形式来发布本书存在的问题以及提出意见和建议。

作者

2019 年 10 月